トリソー！

Triple saut
トリプル・ソー

話すためのフランス語ドリル
初級から中級への3ステップ

久松健一・RICHARD-木口 Julien（共著）

IBCパブリッシング

装　　　幀 ＝ 岩目地英樹 (コムデザイン)
イ ラ ス ト ＝ テッド高橋
ナレーション ＝ フィリップ・ラキュイユ、大柳エリザベット、原田桃子
録音スタジオ ＝ 株式会社巧芸創作

まえがき

　単語を覚え、文法を学び、検定試験に合格しても、うまく話せない。言いたいことはあるが、それをどう表現したらいいのか、適当な言い回しが浮かんでこない。「音読」「シャドーイング」「ディクテーション」「リプロダクション」など、外国語の会話力習得のための方法はいくつもある。それは知っている。しかし、何がいいのか、どうやればいいのか。それに、単調な反復だと、なかなか続かない。

　本書は、そんな「嘆き」を解消しようという一冊だ。まず、この20課を地道にこなしてほしい。音声を聞いて、書き取り、瞬間的な反復でフランス語の作文になじみ、音読をくり返す。フランス語の最低限の基礎があれば（目安としては、仏検で4級〜3級程度）、これで「話せる力」を実感できる。言いたいことを無理なく発信できるベースが、脳内に構築される。

　各課のイラストを見て、フランス語の文を思い浮かべて欲しい。正確でなくても、主語を自分流に変えてもいい。なんらかの反応ができればそれでいい。このくり返しで、あなたの脳内にフランス語で考える言語野が少しずつできてくる。CD を聞き、声を出し、シャドーイングをして「文」になじもう。最初は、「見る」から始めてもいいが、「耳を使い、声に出す」ことに力点を置く。真似る。くり返す。また、くり返す。自然に話せるようになる方法はこれだ！ ただし、力技の暗記はしない。くり返すうちに体に染みこんでくる。いずれ、いろいろな文が、Bonjour！や Je vais bien. と同じ感覚でつかめるようになる。そう、日本語を介さずともきちんとつかめる！

　あなたはどのレヴェルまで話したいのか。本気度はどこまであるのか。目標を定めてほしい。ねらいを定めないと続かない。ただ残念だが、速習は効かない。少なくとも数ヵ月、あるいは年単位の地道な努力は必須だ。

　どのタイミングかは人によって違うが、いずれ、フランス語で夢を見る日がやって来る。"あっ！フランス語が確実に自分に近づいている、向こうから、にじり寄ってきている！"そう実感するはず。その地点に近づくまで、鍛えてほしい。さあ、フランス語の「音の世界」へ、夢見た自在なフランス語会話に向けて、Triple saut！Hop, Step, Jump！

目　次

Leçon 1

Mon frère n'aime pas l'anglais. ………………………………12

この課で学ぶこと ▶ ❶ 日常会話：好き・嫌い　❷ 日常会話：重要である
❸ 日常会話：わかる・わからない

Leçon 2

Pour aller à la boulangerie depuis la mairie. …………20

この課で学ぶこと ▶ ❶ 日常会話：道や場所を尋ねる　❷ 日常会話：道案内をする

Leçon 3

Pierre a décidé de devenir réalisateur. ………………………28

この課で学ぶこと ▶ ❶ 熟語表現：〜すると決める、決心する　❷ 日常会話：〜と思う
❸ 日常会話：AをBにする　❹ 文法語法：最上級

Leçon 4

Allô, Martine ? ……………………………………………………36

この課で学ぶこと ▶ ❶ 日常会話：乗物　❷ 熟語表現：会う約束
❸ 日常会話：依頼（〜してくれませんか）　❹ 熟語表現：できるだけ〜

本書の使い方

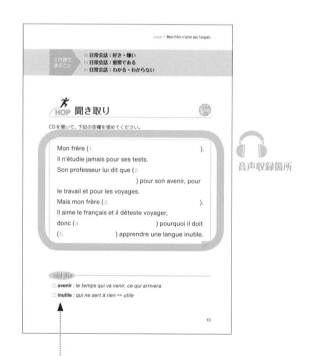 HOP 聞き取り

　CD には、空欄の箇所を気持ちゆっくり発音した「ディクテ用」の音源が入っています。ただし、最初は、そう簡単に書き取れないはずです。主眼は、フランス語の発音になじむ、この点にあります。間違ってもかまいません。くり返し聞いて、できる範囲で空欄を埋めてみましょう。ただし、入門レヴェルで少し背伸びをして本書にチャレンジされる方には、次の STEP を先に学習することをおすすめします。

> Leçon 1: Mon frère n'aime pas l'anglais.
>
> | この課で学ぶこと | ① 日常会話：好き・嫌い
② 日常会話：重要である
③ 日常会話：わかる・わからない |
> | --- | --- |
>
> ### HOP 聞き取り
>
> CD を聞いて、下記の空欄を埋めてください。
>
> Mon frère (1.　　　　　　　　　　　　　).
> Il n'étudie jamais pour ses tests.
> Son professeur lui dit que (2.
> 　　　　　　　　　　　　　) pour son avenir, pour
> le travail et pour les voyages.
> Mais mon frère (3.　　　　　　　　　　　).
> Il aime le français et il déteste voyager,
> donc (4.　　　　　　　　　) pourquoi il doit
> (5.　　　　　　　) apprendre une langue inutile.
>
> 音声収録箇所
>
> mini dico
> □ **avenir** : le temps qui va venir, ce qui arrivera
> □ **inutile** : qui ne sert à rien ↔ utile
>
> 13

　　＊ **mini dico**：少し難しいと感じられる語句を中心に、主に、フランス語で簡易的な語句説明を加えました。『仏和辞典』の一歩先へ、そんな願いも込めています。なお、固有名詞の解説や基本表現を扱っているケースもあります。

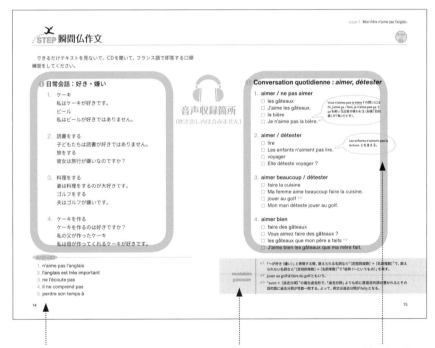

STEP 瞬間仏作文

日本語を聞いて、フランス語を反射的に口にする練習です。本文内の文法や表現を前提にした「応用」という位置づけです。音源は"日本語→ポーズ→フランス語→ポーズ"と流れます。自信のある方は、日本語の後のポーズで、すぐにフランス語に訳して声を出してください。慣れないうちは、2番目のポーズでフランス語を真似できれば OK です。バックミュージックにのって、楽しく声を出しましょう。

---

*前ページ「HOP 聞き取り」の解答。

*単調な練習とならないように、「吹き出し補足」「文法・語法」の説明を適時加えています。ただし、これはあくまでも補助的なもの。「声を出す」、「フランス語を打ちかえす」ことが鍵です。

⋰JUMP 音読

CDはネイティヴの自然なスピードで読まれているので、音読やシャドーイングをしてください。回数にこだわらず、音に集中して読み進めましょう。ときにはテキストを見ながら、ときにはテキストなしで音読してください。自然に身につくのが理想ですから、無理に暗記する必要はありません。少しぐらい間違っていても、音の塊が耳に残ればそれでかまいません。出身地の違うナレーターによって、微妙に発音に差異がありますが、どちらもちゃんとしたフランス語です！　耳を鍛えましょう。

＊イラストは、本文を音読する際の指標です。和訳に気をとられ
るより、状況をつかむことが大事です。イラストを見て、文が
なんとなく浮かんでくるようなら「話せる力」の完成段階です。

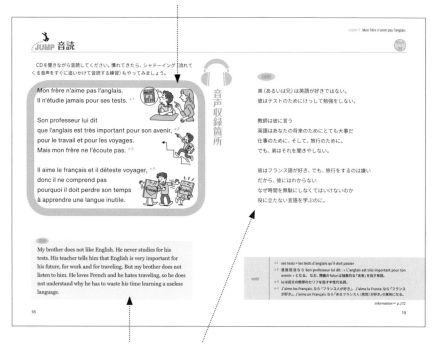

＊英訳と和訳は、本文を無理なく体に染みこませるた
めの補助手段（刺激の材料）として載せています。
英訳はフランス語の逐語訳ではなく、意味に重点を
置いた無理のない英文を意識しています。

information

各課の「はみだし」情報を載せました。**pause café** の役に立てば幸いです。

【凡例】

以下は、本書で使用されている記号や略称です。

cf. : confer（参照せよ、比較せよ）

ind. : indicatif（直説法）
inf. : infinitif（不定法、動詞の原形）
sub. : subjonctif（接続法）

nm : nom masculin（男性名詞）
nf : nom féminin（女性名詞）

qqn : quelqu'un（人）
qqch : quelque chose（物、モノ）

↔：反対語、対義語
＝：同義語、類義の文

【付属の CD-ROM について】

本書に付属のCD-ROMに収録されている音声は、パソコンや携帯音楽プレーヤーなどで再生することができるMP3ファイル形式です。一般的な音楽CDプレーヤーでは再生できませんので、ご注意ください。

■音声ファイルについて

付属のCD-ROMには、本書の聞き取り（枠内のフランス語）、瞬間仏作文（左右頁で対応している日本語・フランス語）、音読（イラストつきのフランス語）パートの音声が収録されています。トラックごとにファイルが分割されていますので、パソコンや携帯音楽プレーヤーで、お好きな箇所をくり返し聞いていただくことができます。

■ファイルの利用方法について

CD-ROMをパソコンのCD/DVDドライブに入れて、iTunesなどの音楽再生（管理）ソフトにCD-ROM上の音声ファイルを取り込んでご利用ください。

■音楽再生・管理ソフトへの取り込みについて

パソコンにMP3形式の音声ファイルを再生できるアプリケーションがインストールされていることをご確認ください。

CD-ROMをパソコンのCD/DVDドライブに入れても、多くの場合、音楽再生ソフトは自動的に起動しません。ご自分でアプリケーションを直接起動して、「ファイル」メニューから「ライブラリに追加」したり、再生ソフトのウインドウ上にファイルをマウスでドラッグ＆ドロップするなどして取り込んでください。

音楽再生ソフトの詳しい操作方法や、携帯音楽プレーヤーへのファイルの転送方法については、編集部ではお答えできません。ソフトやプレーヤーに付属のユーザーガイドやオンラインヘルプで確認するか、アプリケーションの開発元にお問い合わせください。

Mon frère n'aime pas l'anglais.

この課で 学ぶこと	① 日常会話：好き・嫌い ② 日常会話：重要である ③ 日常会話：わかる・わからない

HOP 聞き取り

CDを聞いて、下記の空欄を埋めてください。

Mon frère (1.   ).

Il n'étudie jamais pour ses tests.

Son professeur lui dit que (2.

) pour son avenir, pour

le travail et pour les voyages.

Mais mon frère (3.   ).

Il aime le français et il déteste voyager,

donc (4.   ) pourquoi il doit

(5.   ) apprendre une langue inutile.

mini dico

□ **avenir** : *le temps qui va venir, ce qui arrivera*

□ **inutile** : *qui ne sert à rien ↔ utile*

13

STEP 瞬間仏作文

できるだけテキストを見ないで、CDを聞いて、フランス語で即答する口頭練習をしてください。

❶ 日常会話：好き・嫌い

1. ケーキ
   私はケーキが好きです。
   ビール
   私はビールが好きではありません。

2. 読書をする
   子どもたちは読書が好きではありません。
   旅をする
   彼女は旅行が嫌いなのですか？

3. 料理をする
   妻は料理をするのが大好きです。
   ゴルフをする
   夫はゴルフが嫌いです。

4. ケーキを作る
   ケーキを作るのは好きですか？
   私の父が作ったケーキ
   私は母が作ってくれるケーキが好きです。

聞き取りの解答

1. n'aime pas l'anglais
2. l'anglais est très important
3. ne l'écoute pas
4. il ne comprend pas
5. perdre son temps à

❶ Conversation quotidienne : *aimer, détester*

1. aimer / ne pas aimer
- ☐ les gâteaux
- ☐ J'aime les gâteaux.
- ☐ la bière
- ☐ Je n'aime pas la bière. *¹

> Vous n'aimez pas la bière ? の問いには Si, j'aime ça. / Non, je n'aime pas ça. と ça を用いる応答が使われる（対象「目的語」が「物」のとき）。

2. aimer / détester
- ☐ lire
- ☐ Les enfants n'aiment pas lire.
- ☐ voyager
- ☐ Elle déteste voyager ?

> Les enfants n'aiment pas la lecture. とも言える。

3. aimer beaucoup / détester
- ☐ faire la cuisine
- ☐ Ma femme aime beaucoup faire la cuisine.
- ☐ jouer au golf *²
- ☐ Mon mari déteste jouer au golf.

4. aimer bien
- ☐ faire des gâteaux
- ☐ Vous aimez faire des gâteaux ?
- ☐ les gâteaux que mon père a faits *³
- ☐ J'aime bien les gâteaux que ma mère fait.

---

vocabulaire grammaire

*¹ 「～が好き（嫌い）」と表現する際、数えられる名詞なら"[定冠詞複数] ＋ [名詞複数]"で、数えられない名詞なら"[定冠詞単数] ＋ [名詞単数]"で「総称（～というもの）」を表す。

*² jouer au golf は faire du golf ともいう。

*³ "avoir ＋ [過去分詞]"の複合過去形で、「過去分詞」よりも前に直接目的語が置かれるとその目的語に過去分詞が性数一致する。よって、例文は過去分詞が faits となる。

❷ 日常会話：重要である

1. それは重要です。
   それは重要ではありません。
   それは重要ではないでしょう。*直説法単純未来
   それは重要ではありませんでした。*直説法半過去

2. 私にとって
   それは私にとって重要です。
   私の将来にとって
   それは私たちの将来にとってもはや重要ではありません。

❸ 日常会話：わかる・わからない

1. わかりますか？
   わかりましたか？
   フランス語と英語
   彼はフランス語がよくわかります。
   彼女は英語がよくわかりません。

2. わかりません。
   あなたの言うこと
   私にはあなたのおっしゃることがまったくわかりません。

❷ Conversation quotidienne : *important*

1. important

- ☐ C'est important. *1
- ☐ Ce n'est pas important.
- ☐ Ce ne sera pas important.
- ☐ Ce n'était pas important.

> 同定構文と呼ばれる *c'est, ce sont* だが、
> 話し言葉であれば複数の名詞が置かれても
> *c'est* を用いるのが一般的。
>
> 例 *C'est des ordinateurs portables.*
> それらはノートパソコンです。

2. important pour moi

- ☐ pour moi
- ☐ C'est important pour moi.
- ☐ pour mon avenir
- ☐ Ce n'est plus important pour notre avenir.

❸ Conversation quotidienne : *comprendre, ne pas comprendre*

1. comprendre

- ☐ Vous comprenez ?
- ☐ Vous avez compris ? *2
- ☐ le français et l'anglais
- ☐ Il comprend bien le français.
- ☐ Elle comprend mal l'anglais.

2. ne pas comprendre

- ☐ Je ne comprends pas.
- ☐ ce que vous dites *3
- ☐ Je ne comprends pas du tout ce que vous dites.

---

*1 C'est important. のほかに、「可能性」「難度」を示す C'est possible. / C'est difficile. といっ
た言い回しは日常会話で頻度が高い。

*2 Vous m'avez bien compris ?「私の言うことがわかりましたか？」といった言い方もする。

*3 Qu'est-*ce que vous dites* ? の間接疑問の形。cf. p.129

vocabulaire
grammaire

JUMP 音読

CDを聞きながら音読してください。慣れてきたら、シャドーイング (流れて くる音声をすぐに追いかけて音読する練習) もやってみましょう。

Mon frère n'aime pas l'anglais.
Il n'étudie jamais pour ses tests. *1

Son professeur lui dit
que l'anglais est très important pour son avenir, *2
pour le travail et pour les voyages.
Mais mon frère ne l'écoute pas. *3

Il aime le français et il déteste voyager, *4
donc il ne comprend pas
pourquoi il doit perdre son temps
à apprendre une langue inutile.

英訳

My brother does not like English. He never studies for his tests. His teacher tells him that English is very important for his future, for work and for traveling. But my brother does not listen to him. He loves French and he hates traveling, so he does not understand why he has to waste his time learning a useless language.

和訳

弟（あるいは兄）は英語が好きではない。
彼はテストのためにけっして勉強をしない。

教師は彼に言う
英語はあなたの将来のためにとても大事だ
仕事のために、そして、旅行のために。
でも、弟はそれを聞きやしない。

彼はフランス語が好き、でも、旅行をするのは嫌い
だから、彼にはわからない
なぜ時間を無駄にしなくてはいけないのか
役に立たない言語を学ぶのに。

note

*1　ses tests = les tests d'anglais qu'il doit passer
*2　直接話法なら Son professeur lui dit : « L'anglais est très important pour ton avenir. » となる。　なお、類義の futur は抽象的な「未来」を指す単語。
*3　le は前文の教師のセリフを指す中性代名詞。
*4　J'aime les Français. なら「フランス人が好き」、J'aime la France. なら「フランスが好き」、J'aime un Français. なら「あるフランス人（男性）が好き」の意味になる。

information ⇒ p.172

Leçon 2

Pour aller à la boulangerie depuis la mairie.

この課で
学ぶこと

① 日常会話：道や場所を尋ねる
② 日常会話：道案内をする

 聞き取り

CDを聞いて、下記の空欄を埋めてください。

Pour (1.   ) depuis la mairie,
c'est très facile :
Vous traversez la place de la mairie, vous prenez
le boulevard Rivoli (2.   ),
et (3.   ).
Suivez la rue Eugène Tessier jusqu'à la place Napoléon, et tournez à droite vers la rue Gabriel Goudy.
(4.   ) vingt mètres, la
boulangerie sera (5.   ),
à côté de la crêperie.

mini dico

☐ **boulangerie** : *boutique du boulanger**
      boulanger : celui qui fabrique et qui vend du pain

☐ **mairie** : *bâtiment où sont les bureaux de l'administration
      municipale*

☐ **crêperie** : *lieu où on vend, où on consomme des crêpes*

STEP 瞬間仏作文

　できるだけテキストを見ないで、CDを聞いて、フランス語で即答する口頭練習をしてください。

❶日常会話：道や場所を尋ねる

1. （男性に声をかけて）すみません。
   すみません、ここはどこですか？

2. トイレ
   トイレはどこですか？

3. この近くに
   この近くに銀行はありますか？

4. 駅に行く
   駅に行きたいのですが。

5. 郵便局
   郵便局を探しているのですが……。

聞き取りの解答

1. aller à la boulangerie
2. jusqu'à l'église
3. vous tournez à gauche
4. Marchez environ
5. sur votre droite

❶ Conversation quotidienne : *demander le chemin ou le lieu*

1. ☐ Pardon, monsieur.
   ☐ Pardon, monsieur. Où sommes-nous ?

2. ☐ les toilettes
   ☐ Où sont les toilettes ?

3. ☐ près d'ici
   ☐ Il y a une banque près d'ici ? *1

4. ☐ aller à la gare
   ☐ Pour aller à la gare, s'il vous plaît.

5. ☐ un bureau de poste
   ☐ Je cherche le bureau de poste ... *2

---

vocabulaire grammaire

*1 「一番近い銀行はどこですか？」Où est la banque la plus proche ?といった聞き方もできる。

*2 ふつう、地域内に郵便局は 1 箇所なので「定冠詞」で問うのが自然。Où est la poste, s'il vous plaît ?も類義になる。あるいは Vous savez où est la poste ?「郵便局がどこにあるかご存じですか？」という聞き方もする。

❷日常会話：道案内をする

1. まっすぐ
   まっすぐ行ってください。

2. 右に曲がる
   ２つ目の信号を
   ２つ目の信号を右に曲がってください。

3. 交差点まで行く
   左に曲がる
   交差点まで行って、左に曲がってください。

4. 病院を見つける
   あなたの右手（の方向）に
   右手に病院が見つかるでしょう。

❷ Conversation quotidienne : *guider*

1. ☐ tout droit
   ☐ Allez tout droit. *1

2. ☐ tourner à droite
   ☐ au deuxième feu
   ☐ Tournez à droite au deuxième feu. *2

3. ☐ aller jusqu'au carrefour
   ☐ tourner à gauche
   ☐ Allez jusqu'au carrefour et tournez à gauche.

4. ☐ trouver l'hôpital
   ☐ sur votre droite
   ☐ Vous trouverez l'hôpital sur votre droite.

vocabulaire
grammaire

*1 「このまままっすぐ」なら Continuez tout droit. という。あるいは Suivez cette rue. なら「この通りをそのまま行ってください」の意味になる。

*2 Prenez à droite au deuxième feu. とか、いささかぶしつけだが Deuxième feu à droite. ともいう。

JUMP 音読

CDを聞きながら音読してください。慣れてきたら、シャドーイング（流れて
くる音声をすぐに追いかけて音読する練習）もやってみましょう。

Pour aller à la boulangerie depuis la mairie,
c'est très facile :

Vous traversez la place de la mairie,
vous prenez le boulevard Rivoli jusqu'à l'église,
et vous tournez à gauche. *

Suivez la rue Eugène Tessier
jusqu'à la place Napoléon,
et tournez à droite vers la rue Gabriel Goudy.

Marchez environ vingt mètres,
la boulangerie sera sur votre droite,
à côté de la crêperie.

英訳

It is easy to go to the bakery from the town hall: You cross the
town hall square, you take Rivoli Boulevard to the church, and
you turn left. Follow Eugène Tessier Street to Napoléon Square
and turn right towards Gabriel Goudy Street. Walk about
twenty meters, the bakery will be on your right, next to the
creperie.

和訳

市役所からパン屋へ行くのは、
とても簡単です。

市役所の広場を横切って、
教会までリヴォリ通りを行きます、
そして、左に曲がります。

（そのまま）ユジェーヌ・テシエ通りを進んで
ナポレオン広場まで、
それから、ガブリエル・グディ通りの方へ右折してください。

20メートルほど歩いてください、
パン屋は右手にあります、
クレープ屋さんの隣に。

note

* à gauche は「(方向) 左に」だけでなく、別の意味でも使われる。
「前澤氏は多額の金を貯めこんだ」M. Maezawa a mis beaucoup d'argent à gauche.
　　* mettre de l'argent à gauche で「金を貯めこんだ、貯金する」(＝ mettre de l'argent
　　de côté) の意味。
「おじは (政治的に) 左寄りだ」Mon oncle est à gauche.
　　* ただしこの意味にするなら、être de gauche とする方が「(位置的な) 左に」の意味と
　　の混同がなくてよい。

information ⇒ *p.173*

27

Pierre a décidé de devenir réalisateur.

この課で 学ぶこと	① 熟語表現：〜すると決める、決心する ② 日常会話：〜と思う ③ 日常会話：A を B にする ④ 文法語法：最上級

HOP 聞き取り

CD を聞いて、下記の空欄を埋めてください。

Pierre (1.　　　　　　　　　　　　) devenir réalisateur.

(2.　　　　　　　　) le cinéma rend les gens heureux, et que (3.　　　　　　　　) dans la vie.

(4.　　　　　　　　　　) les gens qui verront ses films pourront oublier leurs petits soucis du quotidien et passer un bon moment.

Il espère aussi (5.　　　　　　　　) !

---

mini dico

☐ **réalisateur** : *personne responsable de la réalisation d'un film*

☐ **souci** : *état d'esprit d'une personne inquiète, préoccupée*

☐ **quotidien** : *ce qui se fait ou qui revient tous les jours*

STEP 瞬間仏作文

できるだけテキストを見ないで、CDを聞いて、フランス語で即答する口頭練習をしてください。

❶ 熟語表現：〜すると決める、決心する

1. パリへ出発する
   彼はパリへ出発すると決めました。

2. ヴァカンスをとる
   ６月にヴァカンスをとる
   彼女は６月にヴァカンスをとると決めました。

❷ 日常会話：〜と思う

1. （判断・理性的な推断のもとに）〜だと思う
   時間通りに着く
   彼女は時間通りに来ると思います。

2. （伝聞や記憶などに基づいた確信で）きっと〜だと思う、信じる
   間違っている
   彼は間違っていると思います。

3. （見たり、聞いたりした評価、あるいは直感で）気がする
   その映画はおもしろい
   その映画はおもしろいと思います。

聞き取りの解答

1. a décidé de
2. Il pense que
3. c'est la chose la plus importante
4. Il espère que
5. qu'il pourra devenir riche

❶ Expression idiomatique : *décider de + inf.*

1. ☐ partir à Paris *1
   ☐ Il a décidé de partir à Paris.

2. ☐ prendre ses vacances
   ☐ prendre ses vacances en juin
   ☐ Elle a décidé de prendre ses vacances en juin.

❷ Conversation quotidienne : *penser, croire, trouver, espérer*

1. je pense que
   ☐ arriver à l'heure
   ☐ Je pense qu'elle va arriver à l'heure. *2

2. je crois que
   ☐ avoir tort
   ☐ Je crois qu'il a tort.

3. je trouve que
   ☐ Ce film est intéressant.
   ☐ Je trouve que ce film est intéressant.

---

vocabulaire grammaire

*1 以前は partir pour Paris とすることが多かったが、現在は à Paris が普通に用いられる。

*2 ただし、日本語の「思う」に近い軽い感覚で penser を使うなら、je crois que と置き換えられるケースが少なくない。

4.　～を期待する
すべて順調です。
すべてうまくいくだろうと思います。

❸日常会話：ＡをＢにする

自分の娘を幸せにする
確かに～する自信がある
Jeanは娘を幸せにする自信があります（きっと幸せにします）。

❹文法語法：最上級

1.　高い山
一番高い山
富士山は日本一高い山です。

2.　部屋を予約する
部屋を予約したいのですが。
できるだけ安い、シングルの部屋を予約したいのですが。

3.　これはおいしいチーズです。
これは一番おいしいチーズです。
これは地域で一番おいしいワインです。

4. j'espère que
- ☐ Tout va bien.
- ☐ J'espère que tout ira bien.

❸ Conversation quotidienne : *rendre A (qqn/qqch) + B (adjectif)*

- ☐ rendre sa fille heureuse *1
- ☐ être sûr(e) de + *inf.*
- ☐ Jean est sûr de rendre sa fille heureuse. *2

❹ Grammaire・Usage : *superlatif*

1.
- ☐ une haute montagne
- ☐ la montagne la plus haute *3
- ☐ Le Mont Fuji est la montagne la plus haute du Japon.

❹の例示は形容詞の最上級だが、副詞の最上級は強調構文で使われるケースが多い。

例　Parmi mes collègues, c'est Naomi qui chante le mieux.
私の同僚で一番歌が上手なのはNaomiだ。

2.
- ☐ réserver une chambre
- ☐ Je voudrais réserver une chambre.
- ☐ Je voudrais réserver une chambre pour une personne, la moins chère possible.

3.
- ☐ C'est un bon fromage.
- ☐ C'est le meilleur fromage.
- ☐ C'est le meilleur vin de la région.

*1　rendreは「直接目的語＋属詞」を導く。つまり、Sa fille est heureuse.「彼（彼女）の娘は幸せだ（Sa fille = heureuse）」という関係が成り立つ。
*2　Jeanは「娘の父親」という設定。
*3　haut(e)は名詞の前に置くことができる形容詞なので、la plus haute montagneの語順も可。

JUMP 音読

CDを聞きながら音読してください。慣れてきたら、シャドーイング（流れてくる音声をすぐに追いかけて音読する練習）もやってみましょう。

Pierre a décidé de devenir réalisateur. *1

Il pense que le cinéma rend les gens heureux,
et que c'est la chose la plus importante dans la vie.

Il espère que
les gens qui verront ses films pourront oublier
leurs petits soucis du quotidien *2
et passer un bon moment.

Il espère aussi qu'il pourra devenir riche !

英訳

Pierre has decided to become a movie director. He thinks that cinema makes people happy, and that it is the most important thing in life. He hopes that people who watch his movies will be able to forget their little worries about everyday life and have a good time. He also hopes that he can get rich!

和訳

Pierreは映画監督になろうと決めた。

彼は映画が人びとを幸せにすると考えている、
それに、それが人生において最も大事なことだと。

彼は思っている
自分の映画を見ている人は忘れることができると
日常生活のちょっとした心配事を
そして、いい時間を過ごせると。

彼は自分が金持ちになれると期待もしている！

---

note

*1 réalisateur, réalisatrice [n] 「映画監督、（TVやラジオの）ディレクター」

*2 souci [nm] 「心配事、気がかり」: oublier ses soucis 「心配事を忘れる」

information ➡ *p.174*

Allô, Martine ?

この課で学ぶこと	① 日常会話：乗物 ② 熟語表現：会う約束 ③ 日常会話：依頼（〜してくれませんか） ④ 熟語表現：できるだけ〜

 聞き取り

CDを聞いて、下記の空欄を埋めてください。

Allô, Martine ?

Oui, c'est Paul.

J'ai un problème avec ma voiture, elle ne démarre pas.

(1.   ), mais bien sûr je serai

en retard. (2.   ) un client à 9

heures dans la salle de réunion B, (3.

) lui dire de patienter ?

J'arrive (4.   ).

Merci.

(5.   ).

---

mini dico

☐ **démarrer** : *commencer à rouler, à partir ↔ arrêter*

☐ **réunion** : *action de réunir [mettre ensemble] des personnes*

☐ **patienter** : *attendre (avec patience)*

STEP 瞬間仏作文

　できるだけテキストを見ないで、CDを聞いて、フランス語で即答する口頭練習をしてください。

❶日常会話：乗物

1. バスに乗る
   市役所に行く
   私は市役所に行くためにバスに乗りました。

2. 病院に行く
   バスで
   母はタクシーで病院に行きました。

❷熟語表現：会う約束

1. 人と会う約束をしている
   私は女友だちと待ち合わせています。

2. ３時半に
   私は３時半に先生と会う約束をしています。

聞き取りの解答

1. Je vais prendre le bus
2. J'ai rendez-vous avec
3. est-ce que tu peux
4. aussi vite que possible
5. À toute à l'heure

❶ Conversation quotidienne : *prendre le bus / en bus*

1. ☐ prendre le bus *¹
   ☐ aller à la mairie
   ☐ J'ai pris le bus pour aller à la mairie.

2. ☐ aller à l'hôpital
   ☐ en bus
   ☐ Ma mère est allée à l'hôpital en taxi.

> "en + [乗物]"は「乗物で」の意味、en train「電車で」、en avion「飛行機で」など。またがる乗物はà pied「徒歩で」やà cheval「馬で」と同じく、à vélo「自転車で」、à moto「バイクで」の言い方を使う（ただし、現在ではen vélo, en motoも使われる）。なお、他の交通手段との違いを明確にするために voyager par bateau「船で旅をする」といった言い方もする。

❷ Expression idiomatique : *avoir rendez-vous avec qqn*

1. ☐ avoir rendez-vous avec quelqu'un *²
   ☐ J'ai rendez-vous avec une amie.

2. ☐ à trois heures et demie
   ☐ J'ai rendez-vous avec mon professeur à trois heures et demie.

---

*¹ 「バスに乗る（乗り込む）」という動作なら monter dans le bus、「バスを降りる」なら descendre du bus という。なお、電車、地下鉄などと違って、タクシーは「交通のシステム（決まった路線）」はないので不定冠詞を用いて prendre un taxi「タクシーに乗る」という。

*² rendez-vous「会う約束」は医者や弁護士などとの面会の「予約」という意味でも用いられる（例 J'ai pris un rendez-vous chez le dentiste.「私は歯医者に予約を入れた」）。なお、manquer un rendez-vous は「会う約束をすっぽかす」の意味になる。

❸日常会話：依頼（～してくれませんか）

1. 私に示してくれますか？
   駅へ向かう道
   最寄駅へ行く道を教えていただけますか？

2. 私といっしょに来る
   いっしょに来てくれませんか？

❹熟語表現：できるだけ～

1. ここにいたい（いる方がいい）
   できるだけ長く
   私はできるだけ長くパリにいたいと思います。

2. それをする
   できるだけ早く
   できるだけ早くそれをしなければなりません。

❸ Conversation quotidienne : *pouvoir / vouloir* *1

1. ☐ Vous pouvez m'indiquer ... ?
   ☐ le chemin de la gare
   ☐ Pouvez-vous m'indiquer le chemin de la gare la plus proche ? *2

2. ☐ venir avec moi
   ☐ Tu veux venir avec moi ?

❹ Expression idiomatique : *aussi ... que possible*

1. ☐ préférer rester ici
   ☐ aussi longtemps que possible
   ☐ Je préfère rester à Paris aussi longtemps que possible.

2. ☐ faire ça
   ☐ aussitôt que possible *3
   ☐ Il faut faire ça aussitôt que possible.

vocabulaire grammaire

*1 pouvoirもvouloir「依頼」のニュアンスで使われる。ただし、pouvoirを用いた依頼の場合「許諾が相手の裁量にゆだねられている」のに対して、vouloirは通常、相手が「依頼を断らない」ことが前提で用いられる。

*2 Quel est le chemin le plus court pour aller à la gare ? とか、Est-ce que je suis sur le bon chemin de la gare ? といった聞き方もする。

*3 副詞aussitôtはaussiとtôtが一緒になった語で、「（文脈に示されたその時点から）すぐに，ただちに」という意味を表す。aussitôt que possibleはdès que possibleあるいはle plus tôt possibleと同義。

JUMP 音読

CDを聞きながら音読してください。慣れてきたら、シャドーイング（流れて くる音声をすぐに追いかけて音読する練習）もやってみましょう。

Allô, Martine ?
Oui, c'est Paul.

J'ai un problème avec ma voiture,
elle ne démarre pas. *1

Je vais prendre le bus,
mais bien sûr je serai en retard. *2
J'ai rendez-vous avec un client à 9 heures
dans la salle de réunion B,
est-ce que tu peux lui dire de patienter ?
J'arrive aussi vite que possible.

Merci.
À tout à l'heure.

英訳

Hello, Martine? Yes, it's Paul.
I have a problem with my car, it won't start. I'll take the bus, but of course I'll be late. I have a meeting with a customer at 9 a.m. in meeting room B, so can you tell him to wait? I'll be there as fast as I can.
Thank you. See you later.

和訳

もしもし、Martineですか？
こちら、Paulです。

車にトラブルがあって、
動きません。

バスに乗っていきます、
ただ、それだときっと、遅れます。
9時に、お客様と約束があります、
B会議室で、
待つように言ってもらえますか？
できるだけ急いで向かいます。

ありがとう。
後ほど。

note

*1 démarrer「（エンジンが）始動する、発進する」の意味。

*2 この文は単純未来が使われている。ちなみに、「未来形」の語尾を機械的に「だろう」「でしょう」と訳す方がいるが、それだと未来というより推量のニュアンスにとられかねない。

information ⇒ p.175

J'adore la mode.

この課で
学ぶこと

① 日常会話：〜の仕方、〜するやり方
② 文法語法：時 (頻度) の副詞
③ 日常会話：〜と同じように、〜のように (様態の副詞)

HOP 聞き取り

CD Track
14

CDを聞いて、下記の空欄を埋めてください。

J'adore la mode.

Pour moi, (1.   )

sa personnalité.

(2.   ) assez cher, d'être à la

mode, mais c'est tellement important d'être élégant !

J'ai un bon travail, je gagne bien ma vie, donc je

peux dépenser mon argent (3.   ).

(4.   ) dépenser quelques

centaines d'euros pour une veste magnifique,

(5.   ) !

mini dico

□ **personnalité** : *caractère particulier et original d'une personne*

□ **dépenser** : *employer de l'argent pour obtenir quelque chose*

できるだけテキストを見ないで、CDを聞いて、フランス語で即答する口頭練習をしてください。

❶日常会話：～の仕方、～するやり方

> ビジネスで成功する
> ビジネスで成功する方法
> では、それがビジネスで成功する唯一の方法ですか？

❷文法語法：時（頻度）の副詞

1. いつも
   5時に起きる
   母はいつも5時に起きます。

2. しばしば（よく）
   遅刻する
   夫はよく遅刻します。

3. ときどき
   私に会いに来る
   祖母はときどき私に会いに来ます。

聞き取りの解答

1. c'est la meilleure façon d'exprimer
2. Ça coûte souvent
3. comme je veux
4. Si je préfère
5. c'est mon droit

❶ Conversation quotidienne : *la façon de + inf.*

- ☐ réussir dans les affaires *¹
- ☐ la façon de réussir dans les affaires
- ☐ Alors, c'est la seule façon de réussir dans les affaires ?

❷ Grammaire・Usage : *adverbes de temps*

1. ☐ toujours
   - ☐ se lever à cinq heures
   - ☐ Ma mère se lève toujours à cinq heures.

2. ☐ souvent *²
   - ☐ être en retard
   - ☐ Mon mari est souvent en retard.

3. ☐ de temps en temps *³
   - ☐ venir me voir
   - ☐ Ma grand-mère vient me voir de temps en temps.

---

vocabulaire
grammaire

*¹ les affaires で「ビジネス、商売」の意味（例 Comment vont les affaires ?「商売はうまくいっていますか？」）。*cf. p.71*

*² souvent と fréquemment はほぼ同義。*cf. p.176*

*³ 「ときには、たまには」の意味合いなら parfois, quelquefois という言い方も使う。*cf. p.176*

4. めったに〜ない
   風邪をひく
   私の息子はめったに風邪をひきません。

5. けっして〜ない
   夜12時前に寝る
   彼は夜12時前に寝ることはけっしてありません。

❸日常会話：〜と同じように、〜のように（様態の副詞）

1. 彼（彼女）の父と同じように
   彼女は父親と同じくとても背が高いです。

2. いつものように
   8時の地下鉄に乗る
   彼はいつものように8時の地下鉄に乗りました。

3. あなたのお好きなように
   お好きなようになさってください。

4. ☐ rarement
   ☐ être enrhumé(e)
   ☐ Mon fils est rarement enrhumé.

5. ☐ ne ... jamais
   ☐ se coucher avant minuit
   ☐ Il ne se couche jamais avant minuit.

❸ Conversation quotidienne : *comme (adverbe de manière)*

1. ☐ comme son père
   ☐ Elle est très grande comme son père.

名詞が「Aと同じ」という意味合いなら "定冠詞 (le, la, les) + même + 名詞 + que A" の形を用いて次のように表現できる。

例　Anna a le même double menton que sa mère.
Annaは母親と同じく二重顎だ（二重顎がそっくりだ）。

＊この文は
Anna a un double menton comme sa mère.
と置き換えられる。

2. ☐ comme d'habitude *
   ☐ prendre le métro de huit heures
   ☐ Il a pris le métro de huit heures comme d'habitude.

3. ☐ comme vous voulez
   ☐ Faites comme vous voulez.

vocabulaire grammaire

* comme toujours も類義。

49

JUMP 音読

CDを聞きながら音読してください。慣れてきたら、シャドーイング（流れてくる音声をすぐに追いかけて音読する練習）もやってみましょう。

J'adore la mode.

Pour moi,
c'est la meilleure façon d'exprimer sa personnalité.
Ça coûte souvent assez cher,
d'être à la mode,
mais c'est tellement important d'être élégant !

J'ai un bon travail,
je gagne bien ma vie,
donc je peux dépenser mon argent comme je veux.
Si je préfère dépenser quelques centaines d'euros *
pour une veste magnifique,
c'est mon droit !

英訳

I love fashion. For me, it's the best way to express your personality. It's often quite expensive to be fashionable, but it's so important to be stylish! I have a good job and I make a good living, so I can spend my money however I want. If I choose to spend a few hundred euros for a beautiful jacket, it's my right!

和訳

私はファッションが大好き。

私にとって、
それは個性を表す最良の方法なの。
かなりお金がかかることがしばしば
ファッショナブルでいること（流行を追うこと）は
でも、エレガント（スタイリッシュ）でいることはとても大事なこと！

私はきちんとした仕事をしている、
ちゃんと稼いでいる、
だから、自分の望むようにお金を使うことができる。
もし、数100ユーロを使うほうが好きだとしても
すばらしい1着のジャケットのために、
それは私の権利だもの！

note   * centaine = à peu près 100 「およそ100」の意味。

information ➡ *p.176*

C'est bientôt le printemps.

この課で 学ぶこと	① 文法語法：時の副詞（突然、すぐに、まもなく、あとで）
	② 熟語表現：〜するとすぐ
	③ 日常会話：身体表現の動詞

HOP 聞き取り

CDを聞いて、下記の空欄を埋めてください。

C'est (1.   ), et

(2.   ), mais pas moi.

Je déteste le printemps.

(3.   ) c'est pareil,

pendant deux mois je ne peux pas sortir de chez moi :

(4.   ), j'éternue, j'ai

(5.   ) et les yeux qui me

démangent.

Avoir le rhume des foins, c'est horrible !

mini dico

☐ **éternuer** : *chasser violemment et involontairement de l'air par le nez*

☐ **démanger** : *causer des démangeaisons**
      * démangeaison : irritation de la peau qui donne envie de se gratter

☐ **le rhume des foins** : *une allergie au pollen**
      * pollen : poudre jaune que le vent porte d'une fleur à l'autre

STEP 瞬間仏作文

できるだけテキストを見ないで、CDを聞いて、フランス語で即答する口頭練習をしてください。

❶文法語法：時の副詞（突然、すぐに、まもなく、あとで）

1. 突然
   雷雨になった。
   突然、雷雨になりました。

2. 出発しなくてはなりません。
   すぐに
   私たちはすぐにミラノへ出発しなくてはなりません。

3. 彼は戻ってきます。
   まもなく
   部長はまもなく戻ります。

4. 私は彼女に電話します。
   あとで
   あとであなたに電話します。

聞き取りの解答

1. bientôt le printemps
2. tout le monde a l'air content
3. Chaque année
4. dès que je suis dehors
5. le nez qui coule

❶ Grammaire・Usage : *adverbes de temps*

1. tout à coup, tout d'un coup, soudainement
- ☐ tout à coup
- ☐ L'orage a éclaté.
- ☐ Tout à coup, l'orage a éclaté. *1

2. tout de suite
- ☐ Il faut partir.
- ☐ tout de suite *2
- ☐ Il nous faut partir à Milan tout de suite.

3. bientôt
- ☐ Il reviendra.
- ☐ bientôt
- ☐ Le directeur reviendra bientôt. *3

4. plus tard
- ☐ Je lui téléphone.
- ☐ plus tard
- ☐ Je vous téléphonerai plus tard.

---

vocabulaire grammaire

*1 tout à coup = soudainement の意味。Tout à coup signifie « soudainement », alors que tout d'un coup signifie « en une seule fois, en même temps ».

*2 tout de suite = immédiatement と置き換えられる。なお、À tout de suite !「じゃまた後で！」というひと言は、À tout à l'heure !とほぼ同じ意味で相手との同日での再会を約す表現。ただし、前者の方が、相手との再会までの時間が短い。

*3 À très bientôt. なら、「すぐに」という一言になる。

❷熟語表現：〜するとすぐ

1. Simoneは到着しました。
   私たちは昼食を食べ始めました。
   彼女が到着してすぐに、私たちは夕飯を食べ始めました。

2. Jacquesはこれから1時間後に成田に到着します。
   彼が成田に着いたらすぐ、旅に出ましょう。

❸日常会話：身体表現の動詞

1. くしゃみをする
   私はうちの犬がくしゃみをするのを見たことがあります。

2. 流れる
   鼻水が止まりません。

3. かゆがらせる
   目がかゆいです。

❷ Expression idiomatique : *dès que + ind.*

1. ☐ Simone est arrivée.
   ☐ Nous avons commencé à déjeuner.
   ☐ Dès qu'elle est arrivée, nous avons commencé à dîner. *1

2. ☐ Jacques arrivera à Narita dans une heure.
   ☐ On partira en voyage dès qu'il
   sera arrivé à Narita. *2

> 「〜するとすぐに」
> （2つの出来事が連続して起こる）の意味では
> "aussitôt que + ［直説法］(ind)" の形も使われる。
> 例 Aussitôt que j'aurai des nouvelles, je vous le dirai.
> ニュースが入り次第、すぐにお伝えします。

❸ Conversation quotidienne: *éternuer, couler, démanger*

1. ☐ éternuer
   ☐ J'ai vu mon chien éternuer. *3

2. ☐ couler
   ☐ J'ai le nez qui coule. *4

3. ☐ démanger
   ☐ Les yeux me démangent.

---

vocabulaire
grammaire

*1 Dès son arrivée, nous avons commencé à dîner. とも言える。

*2 単純未来と前未来の組み合わせ、このレヴェルの文がすっと口から出てくるならかなりの上級。

*3 知覚動詞の展開。éternuerは自動詞なので、J'ai vu éternuer mon chien. の語順でもかまわない。

*4 se moucher「鼻水が出る」という動詞もある。

JUMP 音読

CDを聞きながら音読してください。慣れてきたら、シャドーイング（流れて
くる音声をすぐに追いかけて音読する練習）もやってみましょう。

C'est bientôt le printemps,
et tout le monde a l'air content,
mais pas moi.

Je déteste le printemps.
Chaque année c'est pareil,
pendant deux mois je ne peux pas sortir de chez moi :
dès que je suis dehors,
j'éternue,
j'ai le nez qui coule
et les yeux qui me démangent.
Avoir le rhume des foins, c'est horrible ! *

英訳

It's springtime soon, and everyone looks happy, but I'm not.
I hate spring. Every year it's the same, for two months I can't
leave home: as soon as I'm outside, I sneeze, I have a runny nose
and itchy eyes. To have hay fever is horrible!

和訳

もうすぐ春、

（それで）みんなうれしそうだ、

でも私はそうじゃない。

私は春が嫌いだ。

毎年、同じで、

２ヵ月間、家から出られない。

外に出たとたんに、

くしゃみが出て、

涎（はな）が流れ、

そして、目がかゆくなる。

花粉症になると、ぞっとする！

note ＊「花粉症」は la pollinose とか l'allergie au pollen とも訳されるが、直訳は「干し草の
風邪」le rhume des foins （「枯草熱」）というフランス語が、一番自然な言い方。

information ➡ *p.177*

Aujourd'hui, c'est le premier mai.

	① 文法語法：序数
この課で 学ぶこと	② 文法語法：文修飾副詞
	③ 文法語法：devoir

HOP 聞き取り

CDを聞いて、下記の空欄を埋めてください。

Aujourd'hui, (1.   ).

C'est un jour férié, parce que c'est la Fête du Travail.

Malheureusement, je dois travailler.

Dans mon entreprise, (2.

                          ), même les jours fériés.

Donc nous tirons au sort (3.   ).

Et cette fois-ci, (4.   ).

(5.   ) ...

mini dico

☐ **jour férié** : *jour où l'on ne travaille pas en raison d'une fête légale*

☐ **tirer au sort qqch** : *c'est choisir au hasard*

61

STEP 瞬間仏作文

できるだけテキストを見ないで、CDを聞いて、フランス語で即答する口頭練習をしてください。

❶文法語法：序数

1. 7月1日
   赤ちゃんが7月1日に生まれました。

2. 3階に
   両親は3階に住んでいます。

3. 3つ目の通りを行く
   3つ目の通りを左に行きなさい。

❷文法語法：文修飾副詞

1. 事柄の評価を表す
   昨晩、雨が降りました。
   試合中に
   あいにく、試合中に雨が降りました。

---

1. c'est le premier mai
2. quelqu'un doit toujours être présent au bureau
3. qui doit travailler
4. c'est tombé sur moi
5. Quel dommage

❶ Grammaire・Usage : *nombre ordinal*

1. ☐ le premier juillet
   ☐ Mon bébé est né le premier juillet. *¹

   > 階数表現の基本：
   > 1 階は le rez-de-chaussée (←「歩道、車道」面と
   > 水平・すれすれ) という。「階」étageは 2 階以降を指し、
   > 2 階が le premier étage (← 1 番目の「階」)、
   > 3 階は le deuxième étage (← 2 番目の「階」)
   > といった具合に、日本の数え方とは
   > 1 階分ずれる。

2. ☐ au deuxième étage
   ☐ Mes parents habitent au deuxième étage.

3. ☐ prendre la troisième rue
   ☐ Prenez la troisième rue à gauche.

❷ Grammaire・Usage : *adverbe modificateur de phrase*

＊副詞が文全体を修飾する場合は、多く文頭に置かれ、〈,〉で区切られる。

1. ☐ Il a plu hier soir.
   ☐ pendant le match
   ☐ Malheureusement, il a plu pendant le match. *²

---

vocabulaire grammaire

*¹ 日付は「1 日（ついたち）」は序数を、ほかは基数 le nombre cardinalを使う（例 Nous sommes le 30 avril.「4 月 30 日です」）。

*² par malheurとしても同じ意味。反意語はheureusement「幸いに」の意味。

2. 習慣を語る
   彼女は夜12時に寝ます。
   いつもは、彼は11時前に寝ます。

3. 確実性について言及する
   Sandraは独身です。
   Sandrineはたぶん独身です。

❸文法語法：devoir

1. 義務「〜しなければならない」
   この仕事を終える
   この仕事を今晩やってしまわなくてはなりません。

2. 禁止「（否定文で）〜してはならない」
   ここでタバコを吸う
   ここでタバコを吸ってはいけません。

3. 推測・可能性「〜に違いない」
   この絵は、おそらくPicassoのものに違いありません。

2. ☐ Elle se couche à minuit.
   ☐ Habituellement, il se couche avant onze heures. *¹

3. ☐ Sandra est célibataire. *²
   ☐ Sandrine est probablement célibataire. *³

❸ Grammaire・Usage : *devoir*

1. obligation
   ☐ terminer ce travail
   ☐ On doit terminer ce travail ce soir.

2. défense
   ☐ fumer ici
   ☐ Tu ne dois pas fumer ici. *⁴

3. probabilité
   ☐ Ce tableau, ça doit être un Picasso. *⁵

---

grammaire

*¹ d'habitude あるいは d'ordinaire, ordinairement も類義になる。

*² Il est marié. なら「結婚している」の意味。

*³ 「たぶん、きっと」の確実性は peut-être < probablement < sans doute < sans aucun doute の順に増していく。

*⁴ この例は相手に注意を喚起し、命令する感覚。条件法 devrais を使えば「吸わないでもらえますか」という意味合いになる。なお、類義の falloir を使って Il ne faut pas fumer ici. とすると、「(規則で)ここでは禁煙です」と一般論を述べることになる。

*⁵ un Picasso は「ピカソの1作品」という意味合い。

 音読

CDを聞きながら音読してください。慣れてきたら、シャドーイング（流れて
くる音声をすぐに追いかけて音読する練習）もやってみましょう。

Aujourd'hui, c'est le premier mai.

C'est un jour férié,

parce que c'est la Fête du Travail. *1

Malheureusement, je dois travailler.

Dans mon entreprise,

quelqu'un doit toujours être présent au bureau,

même les jours fériés.

Donc nous tirons au sort qui doit travailler.

Et cette fois-ci,

c'est tombé sur moi. *2

Quel dommage ... *3

英訳

Today is the first of May. It's a national holiday, because it's
Labor Day. Unfortunately, I have to work. In my company,
someone has to work every day, even during holidays. So we
have a lottery to decide who should work, and this time it's me.
What a pity...

和訳

今日は５月１日。

祝日、

メーデー（労働者の祭典）なのだ。

あいにく、私は働かなくてはならない。

私の会社では、

誰かがいつも事務所にいなくてはならない、

たとえ祝日でも。

だから、私たちは誰が働くかをくじで決める。

で、今回は

自分が当たった。

とほほ……。

information ➡ p.178

Dominique devrait se faire couper les cheveux.

この課で
学ぶこと

① 熟語表現：がんばる、努力する
② 熟語表現：〜が必要だ
③ 熟語表現：〜のようだ（のように見える）

HOP 聞き取り

CD を聞いて、下記の空欄を埋めてください。

Dominique devrait se faire couper les cheveux.

Il est (1.   ).

À 42 ans, il devrait (2.   ) pour avoir l'air adulte.

Entre ses cheveux longs, ses tatouages, ses piercings et ses vêtements,

(3.   ) le prendre au sérieux ...

Il dit qu'il est musicien, donc (4.   ) d'avoir l'air adulte, ou (5.   ).

Il a besoin d'avoir l'air cool.

mini dico

□ **tatouage** : *dessin fait dans la peau, qui ne peut pas s'effacer*

□ **piercing** : *trouer une partie du corps humain pour y introduire des bijoux de différentes formes*

□ **cool** : *(anglicisme) super, génial, formidable*

✖ STEP 瞬間仏作文

　できるだけテキストを見ないで、CDを聞いて、フランス語で即答する口頭練習をしてください。

❶熟語表現：がんばる、努力する

　　1.　努力する
　　　　ビジネスで成功する
　　　　彼はビジネスで成功するよう努力しました。

　　2.　ものすごくがんばる
　　　　会社を設立する
　　　　彼女はこの会社を設立するためにものすごくがんばりました。

❷熟語表現：〜が必要だ

　　1.　〜が必要だ
　　　　お金がどうしても必要です。

　　2.　５時間の睡眠
　　　　あなたには７時間の睡眠が必要です。

　聞き取りの解答

　　1. trop vieux pour avoir les cheveux longs
　　2. faire un effort
　　3. il est difficile de
　　4. qu'il n'a pas besoin
　　5. l'air sérieux

❶ Expression idiomatique : *faire un effort [des efforts]*

1. ☐ faire un effort *¹
   ☐ réussir dans les affaires
   ☐ Il a fait des efforts pour réussir dans les affaires. *²

2. ☐ faire beaucoup d'efforts
   ☐ fonder une entreprise
   ☐ Elle a fait beaucoup d'efforts pour fonder cette entreprise.

❷ Expression idiomatique : *avoir besoin de qqn / de qqch [de + inf.]*

1. ☐ avoir besoin de
   ☐ J'ai grand besoin d'argent. *³

2. ☐ cinq heures de sommeil
   ☐ Vous avez besoin de sept heures de sommeil.

---

vocabulaire
grammaire

*¹ 複数を用いて faire des efforts ともいう。「最善を尽くす」なら faire de son mieux という成句がある。

*² この言い回しは既出 (p.47)。réussir だけでも「(仕事や人生で) 成功する」の意味になる。なお、この例は少々「日本的発想」かもしれない。Il n'a pas ménagé ses efforts pour réussir.「彼は出世のために努力を惜しまなかった」とする方がフランス的か？

*³ grand は besoin「必要、欲求」の強調。

3. 少し眠る
   少し眠りたいです (私は少し眠る必要がある)。

❸熟語表現：〜のようだ (のように見える)

1. 妻はやさしい。
   あなたの旦那さんはやさしそうです。

2. 疲れてます。
   お疲れのようですね。

3. 彼 (彼女) の家はとても大きいです。
   あなたの家は、まるでお城のようです。

3. □ dormir un peu
   □ J'ai besoin de dormir un peu.

> besoinはそもそも
> "生命や機能を保つのに必須のものが欠けて
> いることからくる"→「必要・欲求」を指す単語なので、
> J'ai besoin de partir. 「出発する必要がある」
> といった使い方にはなじまない
> (devoir, falloir を用いる)。

❸ Expression idiomatique :
avoir l'air + [形容詞] / on dirait

1. □ Ma femme est gentille.
   □ Votre mari a l'air gentil. *1

2. □ Je suis fatigué(e).
   □ Vous avez l'air fatigué(e). *2

3. □ Sa maison est très grande.
   □ Votre maison, on dirait un château. *3

> avoir l'air de + inf.
> 「(発話の時点で、見た感じ)〜であるように見える」
> という言い回しも頻度が高い。
> 例 Tu n'as pas l'air d'avoir faim.
> お腹(なか)がすいてないみたいだね。

---

vocabulaire
grammaire

*1 類義の動詞にsembler (主に視覚を通して)、paraître (どちらかといえば聴覚から)がある。

*2 主語が物の場合は形容詞は主語の性・数に一致する。主語が人のときは、主語あるいは男性
単数名詞airのいずれに一致してもよいとされる。ただ、性数一致するケースが多い。

*3 「まるで(あたかも)〜のようだ」はOn dirait + [名詞] の形が使われる。この文をVotre
maison a l'air d'un château. などとするのは不自然だ。

JUMP 音読

CDを聞きながら音読してください。慣れてきたら、シャドーイング（流れてくる音声をすぐに追いかけて音読する練習）もやってみましょう。

Dominique devrait se faire couper les cheveux. *1
Il est trop vieux pour avoir les cheveux longs.
À 42 ans, il devrait faire un effort pour avoir l'air adulte.

Entre ses cheveux longs,
ses tatouages,
ses piercings et ses vêtements,
il est difficile de le prendre au sérieux ... *2

Il dit qu'il est musicien,
donc qu'il n'a pas besoin d'avoir l'air adulte,
ou l'air sérieux.
Il a besoin d'avoir l'air cool.

英訳

Dominique should get his hair cut. He is too old for long hair.
At 42 years old, he should make an effort to look like an adult.
Between his long hair, his tattoos, his piercings and his clothes,
it's hard to take him seriously... He says he's a musician, so he
does not have to look like an adult, or look serious. He needs to
look cool.

和訳

Dominique は髪を切ればいいのに。

長髪のせいで老けすぎだ。

42歳なのだから、大人に見えるように努力すべきでは。

彼の長い髪から、

彼のタトゥー（刺青）、

ピアスや服装（といったものから）

彼をまじめだとはとらえにくい……。

彼は自分はミュージシャンだと言っている、

だから、大人らしく見える必要はないと、

あるいはまじめそうに見えなくてもいいと、

彼にはかっこよく見える（クールである）ことが大事なのだ。

*1 この条件法は直説法の断定口調を避けて、話者の意見や要求を柔らかく説明して「〜すべきでは」「〜したらいいのに」というニュアンスを表している。なお、se faire couper les cheveuxは「（理髪店などで）髪を切ってもらう」という意味合い。

*2 prendre qqch/qqn au sérieuxで「〜をまじめにとらえる、真に受ける」の意味。

information ⇒ p.179

Cet été, il y a eu beaucoup de feux de forêt.

この課で
学ぶこと

① 日常会話：たくさん
② 日常会話：方位
③ 日常会話：いくつも
④ 文法語法：avec＋［無冠詞］抽象名詞

HOP 聞き取り

CDを聞いて、下記の空欄を埋めてください。

Cet été, (1.　　　　　　　　　　　) de la France.

Il a fait chaud et sec (2.　　　　　　　　　), des

conditions idéales pour les incendies.

De nombreuses familles ont été évacuées.

(3.　　　　　　　　　) ont pu être sauvées, mais

beaucoup n'ont pas échappé aux flammes.

Des pompiers de toute la France, et aussi d'Espagne

et d'Italie, sont venus prêter main-forte.

Météo-France prévoit (4.　　　　　　　　　　),

tout le monde attend les premières gouttes

(5.　　　　　　　　).

mini dico

☐ **incendie** : *grand feu qui fait des dégâts importants*

☐ **évacuer** : *faire partir des personnes*

☐ **flamme** : *gaz lumineux produit par un corps qui brûle*

☐ **pompier** : *personne chargée de lutter contre le feu et de porter secours*

☐ **prévoir** : *voir à l'avance ce qui doit arriver*

☐ **goutte** : *très petite partie de liquide*

STEP 瞬間仏作文

できるだけテキストを見ないで、CDを聞いて、フランス語で即答する口頭練習をしてください。

❶日常会話：たくさん

1. 雪が降りました。
   去年
   去年たくさん雪が降りました。

2. たくさんの想像力
   そのアーティストは想像力が豊かです。

3. 彼らは満足している。
   彼女たちはその結果に満足しています。
   大勢の人がその結果を喜んでいました。

❷日常会話：方位

私はディジョンに住んでいます。
彼女はディジョンの北の方（ディジョン市内の北）に住んでいます。
彼はパリ西部地区に住んでいます。
スイスはフランスの東にあります。
オルレアンはパリの南方に位置しています。

――― 聞き取りの解答 ―――

1. il y a eu beaucoup de feux de forêt dans le sud
2. pendant plusieurs mois
3. Certaines maisons
4. de la pluie ce week-end
5. avec impatience

❶ Conversation quotidienne : *beaucoup*

1. ☐ Il a neigé.
   ☐ l'année dernière
   ☐ L'année dernière, il a beaucoup neigé.

2. ☐ beaucoup d'imagination
   ☐ Cet artiste a beaucoup d'imagination.

3. ☐ Ils sont contents.
   ☐ Elles sont contentes de ce résultat.
   ☐ Beaucoup étaient contents de ce résultat. *

❷ Conversation quotidienne : *direction*

☐ J'habite à Dijon.

☐ Elle habite dans le quartier nord de Dijon.

☐ Il habite dans l'ouest de Paris.

☐ La Suisse est à l'est de la France.

☐ Orléans se trouve au sud de Paris.

---

vocabulaire
grammaire

* この beaucoup（不定代名詞的に用いられている）は beaucoup de gens, beaucoup de
personnes と同義。

❸日常会話：いくつも

1. Damien は仕事をしています。
   私たちは何時間も前から仕事をしています。

2. Emma はヨーロッパに行きました。
   彼らは何度もアフリカに行ったことがあります。

❹文法語法：avec +［無冠詞］抽象名詞

1. 慎重に
   慎重に行動しなくてはなりません。

2. 待ちかねて（待ち遠しい気持ちで）
   あなたにお目にかかれるのを楽しみにしています。

3. 喜んで
   あなたの招待を喜んで受けます。

❸ Conversation quotidienne : *plusieurs*

1. ☐ Damien travaille.
   ☐ Nous travaillons depuis plusieurs heures.

> plusieursは量的に多い
> ことを指し、類義語 quelquesは
> 少ないことを示唆する単語。
> たとえば、attendre plusieurs heuresは
> 「何時間も待つ」という意味だが、
> Patientez encore quelques minutes.
> なら「もう少しお待ちください」
> という意味になる。

2. ☐ Emma est allée en Europe.
   ☐ Ils sont allés plusieurs fois en Afrique.

❹ Grammaire・Usage : *adverbe de manière*

1. ☐ avec prudence *1
   ☐ On doit agir avec prudence.

2. ☐ avec impatience *2
   ☐ Je vous attends avec impatience.

3. ☐ avec plaisir *3
   ☐ J'accepte votre invitation avec plaisir.

---

ocabulaire
grammaire

*1　prudemmment 「慎重に」と同意。

*2　impatiemment 「待ちかねて」と同義。

*3　avec joie, volontiers という類義語がある。

CDを聞きながら音読してください。慣れてきたら、シャドーイング（流れてくる音声をすぐに追いかけて音読する練習）もやってみましょう。

Cet été, il y a eu beaucoup de feux de forêt
dans le sud de la France. *1

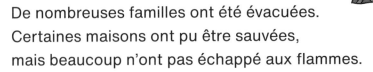

Il a fait chaud et sec pendant plusieurs mois,
des conditions idéales pour les incendies.

De nombreuses familles ont été évacuées.
Certaines maisons ont pu être sauvées,
mais beaucoup n'ont pas échappé aux flammes.

Des pompiers de toute la France,
et aussi d'Espagne et d'Italie,
sont venus prêter main-forte. *2

Météo-France prévoit de la pluie ce week-end,
tout le monde attend les premières gouttes
avec impatience.

英訳

This summer, there have been a lot of forest fires in the south
of France. It has been hot and dry for several months, ideal
conditions for fires. Many families have been evacuated. Some
houses have been saved, but many have not escaped the flames.
Firefighters from all over France, and also from Spain and Italy,
came to lend a hand. Météo-France is forecasting rain this
weekend, everyone is waiting impatiently for the first few drops.

和訳

今年の夏、山火事がたくさん起こった
南フランスで。

数ヵ月の間、暑く、乾燥していた、
（それは）火事にはうってつけの条件だ。

いくつもの家族が助け出された。
いくつかの家屋は救われた、
しかし、多くは炎から逃れられなかった。

フランス全土の消防士たちが
スペインやイタリアの消防士もまた
助けに来た。

フランス気象局は今週末は雨と予報していて、
みんなが最初の数滴（の雨）を待っている
じっと。

note

*1	le sud de la France「南フランス、南仏」は le Midi とも呼ばれる。*cf. p.95*
*2	prêter main-forte で venir en aide à quelqu'un の意味。なお、main-forte は単数で使う。

information ➡ p.180

Thomas aime beaucoup lire.

この課で 学ぶこと	① 日常会話：問題 (重要・真実) なのは～だ
	② 熟語表現：～のうちのひとつ
	③ 文法語法：比較を強調する

HOP 聞き取り

CDを聞いて、下記の空欄を埋めてください。

> Thomas aime beaucoup lire.
> (1.   ) dans un tout petit
> appartement, (2.   ) pour
> garder tous ses livres.
> (3.   ) d'acheter
> une liseuse. C'est un livre électronique, (4.
>   ), et qui prend bien
> sûr beaucoup moins de place que mille vrais livres.
> Mais Thomas aime les livres en papier, il aime tour-
> ner les pages, et il aime (5.
>   ). Que faire ?

mini dico

☐ **garder** : mettre de côté

☐ **liseuse** : un appareil électronique qui permet de lire un docu-
  ment texte

できるだけテキストを見ないで、CDを聞いて、フランス語で即答する口頭練習をしてください。

❶日常会話：問題（重要・真実）なのは〜だ

1. 君はそのことを何も知りません。
   問題なのは君がそのことを何も知らないことです。

2. すぐに行動する
   重要なのは、すぐに行動することです。

3. 真実を見つけ出す
   真実は見つけ出すのが難しい。
   真実、それを見つけ出すのは難しい。

聞き取りの解答

1. Le problème, c'est qu'il habite
2. il n'a pas assez de place
3. L'un de ses collègues lui a recommandé
4. qui peut contenir jusqu'à mille livres
5. organiser ses livres dans sa bibliothèque

❶ Conversation quotidienne : [名詞], c'est de + inf. / c'est que + ind.

1. ☐ Tu n'en sais rien.
   ☐ Le problème, c'est que tu n'en sais rien.

2. ☐ agir immédiatement
   ☐ L'important, c'est d'agir immédiatement. [1]

3. ☐ trouver la vérité
   ☐ Il est difficile de trouver la vérité.
   ☐ La vérité, c'est difficile à trouver. [2]

---

vocabulaire
grammaire

[1] l'important は「重要なこと、肝心なこと」を意味する男性名詞。Ce qui est important, c'est d'agir immédiatement. / Il est important d'agir immédiatement. などと言い換えられる。

[2] Le temps, c'est de l'argent. 「時は金なり」と同じで、❶の表現法は冗語法（理論的には不要な語句を付け加える形）と呼ばれるが、強調や修辞的な効果の意味合いを持つ。

❷熟語表現：〜のうちのひとつ（一人）

1. 私はDupondさんを知っています。
   あの学生の中の一人
   あの学生の中の一人をご存じですか？

2. プラハは美しい町です。
   ヴェニスは世界で最も美しい都市です。
   パリは世界で一番美しい都市のひとつです。

❸文法語法：比較を強調する

1. Xavierは親切です。
   彼は私より親切です。
   Louiseは彼よりずっと親切です。

2. 私の兄（弟）は英語を話します。
   私の姉（妹）は兄（弟）よりもうまくイタリア語を話します。
   彼（彼女）の弟（兄）は私の妹（姉）よりずっと上手にフランス語を話します。

3. 私はほとんど休暇（ヴァカンス）がありません。
   私は去年よりもさらに休暇が少ないです。

❷ Expression idiomatique : *un (une) de* + [複数名詞]

1. ☐ Je connais Monsieur Dupond.
   ☐ un de ces étudiants
   ☐ Vous connaissez un de ces étudiants ?

2. ☐ Prague est une belle ville.
   ☐ Venise est la plus belle ville du monde.
   ☐ Paris est une des plus belles villes du monde. *¹

❸ Grammaire・Usage : *emphase (comparaison)*

1 ☐ Xavier est gentil.
   ☐ Il est plus gentil que moi.
   ☐ Louise est beaucoup plus gentille que lui. *²

2. ☐ Mon frère parle anglais.
   ☐ Ma sœur parle mieux italien que mon frère.
   ☐ Son frère parle beaucoup mieux français que ma sœur.

> beaucoup mieux の代わりに
> un peu mieux とすれば
> 「少し上手に」という意味になる。

3. ☐ J'ai peu de vacances.
   ☐ J'ai encore moins de vacances que l'année dernière. *³

---

vocabulaire
grammaire

*¹ 冠詞を添えて、Paris est l'une des plus belles villes du monde. ともいう。

*² 優等・劣等を強調する beaucoup は bien に置き換えられる。

*³ encore も優等・劣等を強調する。

JUMP 音読

CDを聞きながら音読してください。慣れてきたら、シャドーイング（流れて
くる音声をすぐに追いかけて音読する練習）もやってみましょう。

Thomas aime beaucoup lire.

Le problème, c'est qu'il habite dans un tout petit appartement, *1
il n'a pas assez de place pour garder tous ses livres.
L'un de ses collègues lui a recommandé
d'acheter une liseuse.
C'est un livre électronique,
qui peut contenir jusqu'à mille livres,
et qui prend bien sûr beaucoup moins de place
que mille vrais livres.

Mais Thomas aime les livres en papier,
il aime tourner les pages, *2
et il aime organiser ses livres dans sa bibliothèque. *3
Que faire ?

英訳

Thomas loves reading. The problem is that he lives in a tiny
apartment, there is not enough space to store all his books. One of
his coworkers recommended him to buy an e-book reader. It is an
electronic book, which can contain up to a thousand books, and
which of course takes a lot less space than a thousand actual books.
However, Thomas likes paper books, he likes turning the pages,
and he likes organizing his books in his bookcase. What to do?

和訳

Thomasは読書が大好きだ。

問題なのは、彼がとても小さなアパルトマンに住んでいて、
自分の本を全部置いておくスペースが十分にないことだ。
同僚の1人が買うように勧めてくれた
電子書籍端末を。
それは電子ブックで、
（最大）1000冊の書籍まで収めることができて、
もちろん、ずっと場所を取らない
1000冊の実際の書籍より。

でもThomasは紙の本が好き、
ページをめくるのが好き、
そして、自分の書棚に本を揃えるのが好きなのだ。
どうしよう？

note

*1　このtoutは副詞で形容詞を修飾して「まったく、非常に」の意味。
*2　「ページをぱらぱらめくる」ならfeuilleterという動詞がある。
*3　organiserは「整える、按配（あんばい）する」といった意味合い。

information ➡ *p.181*

91

Bonjour, je vous contacte au sujet de la petite annonce.

この課で 学ぶこと	① 文法語法：前置詞 en
	② 日常会話：j'aimerais
	③ 日常会話：行く・来る
	④ 文法語法：所有代名詞－「所有形容詞 ＋ 名詞」に代わる

HOP 聞き取り

CDを聞いて、下記の空欄を埋めてください。

Bonjour,

je vous contacte (1.　　　　　　　　　　　　　　)

dans le journal concernant votre voiture.

Est-ce qu'(2.　　　　　　　　　　) ?

Êtes-vous disponible (3.　　　　　　　　　) ?

(4.　　　　　　　　　).

Je cherche (5.　　　　　　　　　) pour

pouvoir me garer facilement en ville.

Cordialement,

---

mini dico

☐ **contacter** : se mettre en relation avec quelqu'un

☐ **concernant** : au sujet de, à propos de

☐ **disponible** : dont on peut disposer*　　　　 * disposer : pouvoir utiliser

☐ **garer** : arrêter une voiture (= être stationné)

93

STEP 瞬間仏作文

　できるだけテキストを見ないで、CDを聞いて、フランス語で即答する口頭練習をしてください。

❶文法語法：前置詞 en

怒っている
旅行中である
故障している
販売中である
花盛りだ
涙にくれている
汗でぐっしょりだ

❷日常会話：j'aimerais

1. あなたと夕飯をとる
   夕飯をごいっしょしたいのですが。

2. 南フランスに行く
   南仏に行きたいものです。

聞き取りの解答

1. au sujet de la petite annonce
2. elle est toujours en vente
3. un soir cette semaine
4. J'aimerais venir l'essayer
5. une petite voiture comme la vôtre

❶ Grammaire・Usage : *préposition en*

＊前置詞 en : 状態を表す例

- ☐ être en colère
- ☐ être en voyage
- ☐ être en panne
- ☐ être en vente
- ☐ être en fleurs
- ☐ être en larmes
- ☐ être en nage

> *en nage*は「泳いだみたいな状態」
> ＝「汗ぐっしょり」という感覚。

❷ Conversation quotidienne

＊j'aimeraisは押しつけがましくない、柔らかな思い（実現可能かは不明）を表す。
類義語 je voudraisはそれに比べてやや強い意思・意欲が感じられる。

1. ☐ dîner avec vous
   ☐ J'aimerais dîner avec vous. ＊¹

2. ☐ aller dans le Midi
   ☐ J'aimerais aller dans le Midi. ＊²

＊¹ 「いっしょに食事をしてもらえたら（それが実現したら）好もしい」という気持ちを表現。もし
初めて会った人に、Je voudrais dîner avec vous.とすると「意欲」が表に感じられ、少々押
しつけがましい印象がある。ただし、店での注文なら、それは「客の権利」なので je voudrais
を用いる。

＊² この文は「まだ行くと決めてないけど」、「条件などが整えば、できたら」という含みがある。
もし、Je voudrais aller dans le Midi.なら心の中では「（すでに）行く」と決めている前提で
使う。

❸日常会話：行く・来る

1. ～するのをやめる
   行ったり来たりする
   彼女は行ったり来たりをくり返しています。

2. (呼ばれた返答として)すぐ行きます！

3. 私は映画に行きます。
   (僕たち)映画に行きます。いっしょに行きますか(来ますか)？

❹文法語法：所有代名詞─「所有形容詞＋名詞」に代わる

1. これは私のカバンではありません。
   これは私のカバンではありません、あなたのです。

2. 彼(彼女)の娘は10歳です。
   彼(彼女)の娘は10歳で、私の娘は8歳です。

❸ Conversation quotidienne : *venir*

＊「来る」だけでなく、相手のいる場所へ「行く」とき、あるいは相手が向か
う先に「行く」場合、ならびに相手と行動を共にする際、venirを使う。

1. arrêter de + inf.
   - □ aller et venir
   - □ Elle n'arrête pas d'aller et venir.

2. □ Je viens tout de suite ! *1

3. □ Je vais au cinéma.
   - □ On va au cinéma. Tu viens avec nous ?

❹ Grammaire・Usage : *pronom possessif*

＊前出の名詞のくり返しを避けて「～のもの」を意味する。

1. □ Ce n'est pas mon sac.
   - □ Ce n'est pas mon sac, c'est le vôtre. (= votre sac)

2. □ Sa fille a dix ans.
   - □ Sa fille a dix ans, la mienne a huit ans. (= ma fille) *2

*1 J'arrive !「今、行きます！」もほぼ同義だが、例文が「私 ← あなた」（「私はあなたのいる場
所へと私はやってくる（行く）」）に対して、J'arrive. は「私→あなた」（「私はあなたの場所に
着く」）という「向き」になる。

*2 中性代名詞を用いて、sa fille a dix ans, la mienne en a huit. とも言える。

 **JUMP 音読**

CDを聞きながら音読してください。慣れてきたら、シャドーイング（流れてくる音声をすぐに追いかけて音読する練習）もやってみましょう。

Bonjour,

je vous contacte au sujet de la petite annonce *
dans le journal concernant votre voiture.

Est-ce qu'elle est toujours en vente ?

Êtes-vous disponible un soir cette semaine ?
J'aimerais venir l'essayer.

Je cherche une petite voiture comme la vôtre
pour pouvoir me garer facilement en ville.

Cordialement,

 英訳

Hello,
I'm contacting you regarding the classified ad in the newspaper
about your car. Is it still on sale? Are you available any evening
this week? I would like to come and try it. I am looking for a
small car like yours to be able to park easily in town.
Regards,

和訳

拝啓 (こんにちは)

クラシファイド広告について問い合わせをいたします、
あなたの車に関する新聞中の。

まだ、車は発売中ですか？

今週、夕方、お時間はありますか？
それを試して (試乗して) みたいのですが。

私はあなたがお持ちのような小さな車を探しています
町で簡単に駐車できるように。

敬具 (草々)

---

note　＊ クラシファイドは、目的や地域によって分類された募集広告や告知を一覧形式で掲
載する広告媒体を指す。

information ➡ *p.182*

Fatigué(e) du travail ?

<table>
<tr><td rowspan="3">この課で
学ぶこと</td><td>① 熟語表現：〜が欲しい、〜したい</td></tr>
<tr><td>② 文法語法：前置詞 sans</td></tr>
<tr><td>③ 文法語法：関係代名詞 dont</td></tr>
</table>

 聞き取り

CDを聞いて、下記の空欄を埋めてください。

Fatigué(e) du travail ?

Marre (1.　　　　　　　　　) ?

Envie d'un break ?

Partez en croisière sur la mer Méditerranée !

(2.　　　　　　　　　), sans téléphone, sans soucis.

Nos paquebots sont (3.

　　　　　), avec tout le confort (4.

　　　　　) un séjour de rêve.

(5.　　　　　　　) !

mini dico

☐ **marre** : assez

☐ **croisière** : voyage touristique en bateau

☐ **paquebot** : grand navire destiné au transport des passagers

☐ **confort** : ce qui rend la vie plus facile, plus agréable

瞬間仏作文

　できるだけテキストを見ないで、CDを聞いて、フランス語で即答する口頭
練習をしてください。

❶熟語表現：〜が欲しい、〜したい

   1.　太陽が恋しい（欲しい）
     ニューカレドニアに行く
     太陽が恋しければ、ニューカレドニアに行きなさい。

   2.　クリスマス休暇
     スキーに行く
     クリスマス休暇中に、私はスキーに行きたいです。

❷文法語法：前置詞 sans

   1.　コーヒーを飲みますか？
     砂糖あり、それとも砂糖なし
     （あなたの）コーヒーに砂糖は入れますか、入れませんか？

   2.　Brigitteは出て行きました。
     何も言わずに
     JeanとJeanneは何も言わずに出て行きました。

聞き取りの解答

1. du stress quotidien
2. Deux semaines sans télé
3. des hôtels cinq étoiles sur l'eau
4. dont vous avez besoin pour passer
5. Contactez-nous

❶ Expression idiomatique : *avoir envie de + qqch / de + inf.*

1. ☐ avoir envie de soleil
   ☐ aller en Nouvelle-Calédonie
   ☐ Si vous avez envie de soleil, allez en Nouvelle-Calédonie.

2. ☐ les vacances de Noël
   ☐ aller au ski
   ☐ Pendant les vacances de Noël, j'ai envie d'aller au ski.

❷ Grammaire・Usage : *préposition sans*

1. ☐ Vous prenez un café ?
   ☐ avec ou sans sucre
   ☐ Vous prenez votre café avec ou sans sucre ?

2. ☐ Brigitte est sortie.
   ☐ sans dire un mot *
   ☐ Jean et Jeanne sont sortis sans dire un mot.

> これから話そうとしている内容に
> 聞き手の注意を引きつける sans + inf. にも注意したい。
> たとえば sans mentir「嘘ではなく（まじで）」、sans exagérer
> 「大げさじゃなくて」といった前振り。

**vocabulaire
grammaire**

* sans mot dire ともいう。

❸文法語法：関係代名詞 dont

1. それはフランス映画です。
   それは話題になっています。
   それは話題になっている日本映画です。

2. その白ワインはかなりおいしいです。
   彼女は母親に花をプレゼントしました。
   彼女が私にプレゼントしてくれた赤ワインはとてもおいしい
   です。

3. （この人は）科学者です。
   彼（彼女）の本はよく売れます。
   この人は著作がとてもよく売れる科学者です。

4. 彼は有名な俳優です。
   君の（男）友だちに母親が有名な女優の人がいるのですか？

❸ Grammaire・Usage : *pronom relatif dont*

＊ 前置詞deを含む関係代名詞

1. ☐ C'est un film français.
   ☐ On en parle beaucoup. [*1]
   ☐ C'est le film japonais dont on parle beaucoup.

2. ☐ Ce vin blanc est assez bon.
   ☐ Elle a fait cadeau de fleurs à sa mère. [*2]
   ☐ Le vin rouge dont elle m'a fait cadeau est très bon.

3. ☐ C'est un scientifique.

   > 女性の「科学者」C'est une
   > scientifique. となる。

   ☐ Ses livres se vendent bien.
   ☐ C'est un scientifique dont les livres se vendent très bien. [*3]

4. ☐ C'est un acteur célèbre.
   ☐ Est-ce que tu as un ami dont la mère est une actrice célèbre ? [*4]

---

vocabulaire grammaire

[*1] parler de cela を中性代名詞enで表している。

[*2] faire cadeau de *qqch* à *qqn* 「～を人にプレゼントする」から。なお、「花を贈る」には offrir des fleurs, donner des fleurs という言い方が広く使われる。

[*3] les livres de ce scientifique 「その科学者の本」 下線部をdontで受ける。

[*4] la mère de ton ami 「君の友人の母親」 下線部をdontで受ける。

JUMP 音読

CDを聞きながら音読してください。慣れてきたら、シャドーイング（流れてくる音声をすぐに追いかけて音読する練習）もやってみましょう。

Fatigué(e) du travail ?
Marre du stress quotidien ?
Envie d'un break ?

Partez en croisière sur la mer Méditerranée ! *
Deux semaines sans télé, sans téléphone, sans soucis.

Nos paquebots sont des hôtels cinq étoiles sur l'eau,
avec tout le confort dont vous avez besoin
pour passer un séjour de rêve.

Contactez-nous !

Tired of work? Fed up with daily stress? Want a break?
Go on a cruise on the Mediterranean Sea! Two weeks without
TV, without phone, without worries. Our cruise ships are five
star hotels on the water, with all the comfort you need to have a
dream stay.
Contact us!

和訳

仕事で疲れていませんか？
毎日のストレスにうんざりしていませんか？
休憩したいですか？

地中海クルーズに出かけてください！
２週間、テレヴィなし、電話なし、心配なし。

当社の大型客船は水上の５つ星ホテルです、
あなたが必要とするあらゆる快適さがあります
夢のような滞在をするために。

（どうぞ）お問い合わせください！

note	* faire une croisière en Méditerranée 「地中海でクルージングをする」という言い方もできる。

information ⇒ *p.183*

Leçon 13

La course à pied a changé ma vie.

この課で
学ぶこと
① 文法語法：複合過去あるいは半過去
② 文法語法：depuis / depuis que

HOP 聞き取り

CDを聞いて、下記の空欄を埋めてください。

La course à pied (1.   ).

Avant, (2.   ), j'étais toujours

triste, et (3.   ).

(4.   )

de la course à pied, j'ai perdu du poids, j'ai retrouvé

le sourire, et j'ai toujours énormément d'énergie,

(5.   ) d'aller courir !

Je vois la vie en rose !

mini dico

☐ **course à pied** : *jogging, running*

☐ **énormément** : *vraiment beaucoup*

できるだけテキストを見ないで、CDを聞いて、フランス語で即答する口頭練習をしてください。

❶文法語法：複合過去あるいは半過去

1. レストランで昼を食べる
   正午に、彼らはフレンチレストランで昼食を食べました。
   彼女たちはいつもあの中華レストランで昼食を食べたものでした。

2. 彼は仕事に行きます。
   彼女は熱があります。
   昨日、Marie は仕事に行きませんでした、熱があったからです。

3. 夫が帰宅しました。
   妻が料理を作っていました。
   私が家に帰ったら、夫が料理を作っていました。

4. 海岸に行く
   子どものとき、兄（弟）は放課後プールに行ったものでした。

聞き取りの解答

1. a changé ma vie
2. j'étais gros
3. je n'avais jamais d'énergie
4. Depuis que j'ai découvert le plaisir
5. parce que je suis toujours heureux

❶ Grammaire・Usage : *passé composé ou imparfait*

1. ☐ déjeuner au restaurant
   ☐ À midi, ils ont déjeuné dans un restaurant français. *1
   ☐ Elles déjeunaient toujours dans ce restaurant chinois. *2

2. ☐ Il va travailler.
   ☐ Elle a de la fièvre.
   ☐ Hier, Marie n'est pas allée travailler,
   parce qu'elle avait de la fièvre. *3

   > 「"とある un"フレンチレストラン」と
   > 「"行きつけの le"中華レストラン」の違いが
   > 冠詞の差異に反映されている点にも注意。

3. ☐ Mon mari est rentré à la maison.
   ☐ Ma femme faisait la cuisine.
   ☐ Quand je suis rentrée à la maison, mon mari faisait la cuisine. *4

4. ☐ aller à la plage
   ☐ Quand il était petit, mon oncle allait à la piscine après l'école.

---

vocabulaire
grammaire

*1 この行為は完了している。prendre le déjeuner「昼食をとる」ともいうが、déjeunerを動詞で使うのが通例。なおdéjeunerが「朝食を食べる」になる国・地域もある。

*2 4と同じく過去の習慣を表す半過去。「行きつけ」をもっと明瞭にするなら le même restaurant chinois とする。

*3 直説法複合過去が完了した行為「仕事に行った」を表すのに対して、直説法半過去は未完了の状態「熱があった」を指す。

*4 帰宅した「点」の過去（動作完結型の動詞）に対して、「料理を作っていた」という「線」の過去（行動持続型の動詞）を対比した例。

❷ 文法語法：depuis / depuis que

1. 彼女は結婚していますか？
半年前から
Saloméは結婚して１年です（１年前に結婚しました）。

2. 私はAxelを待っています。
５分前から
私はClémenceを10分待っています。

3. Michelはずいぶん変わりました。
私が彼と知りあってから
Alainは知りあってからずいぶん変わりました。

4. 私の猫は何も食べていませんでした。
彼女が出て行ってから
彼の犬は彼が出て行ってから何も食べていませんでした。

❷ Grammaire・Usage : *préposition depuis*

＊過去から現在までの継続

1. ☐ Elle est mariée ?
   ☐ depuis six mois
   ☐ Salomé est mariée depuis un an. *1

> この文は
> Il y a [Ça fait] un an que Salomé est mariée.
> とも書き換えられる。

2. ☐ J'attends Axel.
   ☐ depuis cinq minutes
   ☐ J'attends Clémence depuis dix minutes.

3. ☐ Michel a bien changé.
   ☐ depuis que je le connais
   ☐ Alain a bien changé depuis que je le connais.

4. ☐ Mon chat n'a rien mangé.
   ☐ depuis qu'elle est partie
   ☐ Son chien n'a rien mangé depuis qu'il est parti. *2

*1 過去のある時点を指して「今から〜前」の意味なら il y a を用いる（例 Salomé s'est mariée il y a un an. 「Salomé は 1 年前に結婚した」）。未来を指して「今から〜後」なら dans が使われる（例 Florence est partie il y a dix minutes. Elle rentrera dans une heure. 「Florence は 10 分前に出て行きましたが、彼女は 1 時間後に（今から 1 時間したら）戻ります」）。また、「〜まで」は jusqu'à を用いる（例 Pauline vit à Tokyo depuis ce printemps. Elle y restera jusqu'au mois de septembre. 「Pauline はこの春から東京で暮らしています。9 月まで滞在の予定です」）。

*2 depuis qu'il est parti は depuis son départ と言い換えられる。

 音読

CDを聞きながら音読してください。慣れてきたら、シャドーイング（流れてくる音声をすぐに追いかけて音読する練習）もやってみましょう。

La course à pied a changé ma vie.

Avant,
j'étais gros,
j'étais toujours triste,
et je n'avais jamais d'énergie.

Depuis que j'ai découvert le plaisir de la course à pied,
j'ai perdu du poids,
j'ai retrouvé le sourire,
et j'ai toujours énormément d'énergie,
parce que je suis toujours heureux d'aller courir !

Je vois la vie en rose ! *

英訳

Running has changed my life. Before, I was fat, I was always sad, and I never had any energy. Since I discovered the pleasure of running, I lost weight, I have something to smile about, and I still have a lot of energy because I'm always excited to go running! I look at life optimistically!

和訳

ジョギング（ランニング）が人生を変えた。

かつては、

太っていて、

いつもつらくて、

けっして精気がなかった。

ジョギング（ランニング）の喜びを発見してから、

体重は減って、

笑いを取り戻した、

そして、いつもものすごく元気、

いつだって走りに行くとウキウキするからだ！

人生がバラ色に見える！

note

※ 文脈次第で、voir la vie en rose は「人生を楽観的に見る」とも訳せる。反意は voir la vie en noir という。なお、la vie の代わりに l'avenir「将来」とか tout「すべて」といった単語を用いることもある。

information ➡ *p.184*

Une collection d'étiquettes de bouteilles de vin.

この課で学ぶこと	① 文法語法：近接未来あるいは近接過去
	② 文法語法：ジェロンディフ

HOP 聞き取り

CDを聞いて、下記の空欄を埋めてください。

Lydie (1.   ) une collection
d'étiquettes (2.   ).
Elle a trouvé des autocollants spéciaux pour retirer
les étiquettes des bouteilles (3.
).
(4.   ) de tous les
bons vins qu'elle déguste, et les organiser dans un
joli classeur.
Toast (5.   ) !

mini dico

☐ **étiquette** : *papier qui indique le prix ou donne d'autres renseignements*

☐ **autocollant(e)** : *image, étiquette qui adhère de soi-même sans être humectée**   ** humecté(e) : mouillé(e) légèrement*

☐ **déguster** : *savourer* une boisson ou un aliment*
    * savourer : passer un bon moment à boire ou manger

☐ **classeur** : *feuille en carton ou en plastique pliée où l'on classe des documents*

☐ **toast** : *action de lever son verre*

⚡STEP 瞬間仏作文

　できるだけテキストを見ないで、CDを聞いて、フランス語で即答する口頭
練習をしてください。

❶文法語法：近接未来あるいは近接過去

1.　２日前から雨が降っています。
　　雨が降りそうです。

2.　私はClaraに電話しました。
　　私はちょうどMorganに電話したところです。

3.　夫は帰ったばかりです。
　　妻は出かけたところです。
　　私の娘は帰ったばかりですが、また出かけるところです。

聞き取りの解答

1. vient de commencer
2. de bouteilles de vin
3. tout en les protégeant
4. Elle va pouvoir garder un souvenir
5. à la découverte de vins merveilleux

CD Track
42

❶ Grammaire・Usage : *futur proche ou passé récent*

＊ aller + *inf.* vs venir de + *inf.*

1. ☐ Il pleut depuis deux jours.
   ☐ Il va pleuvoir. *¹

> 「東京は雨だ」という仏作文を
> （×）Tokyo pleut. と書いた学生がいた。
> 東京は雨が降る場所で、「雨が降る」という動作を行う
> 主語にはならないと説明したが、キョトンとしていた。
> 日本語の「〜は（が）」で示された語句が機械的に
> フランス語の主語になるわけではない。ただ、
> その点がなかなか理解しにくい人が
> いるようだ。

2. ☐ J'ai téléphoné à Clara.
   ☐ Je viens juste de téléphoner à Morgan. *²

3. ☐ Mon mari vient de rentrer.
   ☐ Ma femme va partir.
   ☐ Ma fille vient de rentrer, mais elle va repartir.

vocabulaire
grammaire

*¹ aller + *inf.* で近接未来「これから〜するだろう」。近接未来は単純未来形よりも会話での頻度は高く、現在とつながりのある未来を広く視野に入れて使われるという差異はあるが、大半は置き換えがきく。ただし、「年齢」のように変化していく語は「単純未来」が通例（例 Mon fils aura dix ans la semaine prochaine.「息子は来週10歳になる」）。なお、はっきりと「まさに〜しようとしている」とするなら être sur le point de + *inf.* が使われる。また、devoir は「（まもなく）行われるはず」の意味合いで使われる（例 On doit partir demain matin.「明朝出発することになっている」）。

*² venir de + *inf.* は「近接過去」で、ある行為が「おこなわれたばかり」であることを表す。なお、se mettre à + *inf.* / commencer à + *inf.* は「行為の始まり」、être en train de + *inf.* は「〜しつつある」と進行状態を表す言い回し。

❷文法語法：ジェロンディフ

1. 彼らは散歩しています。
   彼女は散歩しながらラジオを聴いています。
   彼は読書をしながら散歩しています。

2. 話さないで！
   食べながら話さないで！

3. 教会が見つかる
   左に曲がれば、教会が見つかりますよ。

4. 生計をたてる
   英語を教える
   Valéryはフランス語を教えて生計をたてています。

❷ Grammaire・Usage : *gérondif*

*副詞的に主語にかかる。同時性を軸に、手段、仮定・条件、
対立・譲歩、あるいは原因などの意味を表す。

1. ☐ Ils se promènent.
   ☐ Elle écoute la radio en se promenant.
   ☐ Il se promène en lisant. *1

   > ジェロンディフの大半はこの意味で使われる
   > （言い換えれば、ほかの多様な訳語は、この
   > 「～しながら」から派生しているとも言える）。

2. ☐ Ne parlez pas !
   ☐ Ne parlez pas en mangeant !

3. ☐ trouver l'église
   ☐ En tournant à gauche, vous trouverez l'église. *2

4. ☐ gagner sa vie
   ☐ enseigner l'anglais
   ☐ Valéry gagne sa vie en enseignant le français. *3

**vocabulaire
grammaire**

*1 同時性を意味する。pendant que + *ind.* [直説法]、en même temps que + *ind.* [直説法] な
どで置き換えられる。なお、ジェロンディフの前にtoutを置くと「同時性」の強調になった
り、「対立・譲歩」を明確にしたりする働きがある。

*2 ジェロンディフが「（条件）～すれば」を意味する例。

*3 ジェロンディフが「（手段）～して」を意味する例。

JUMP 音読

CDを聞きながら音読してください。慣れてきたら、シャドーイング（流れて
くる音声をすぐに追いかけて音読する練習）もやってみましょう。

Lydie vient de commencer
une collection d'étiquettes de bouteilles de vin.

Elle a trouvé des autocollants spéciaux
pour retirer les étiquettes des bouteilles
tout en les protégeant.
Elle va pouvoir garder
un souvenir de tous les bons vins qu'elle déguste,
et les organiser dans un joli classeur.

Toast à la découverte de vins merveilleux ! *

英訳

Lydie has just started a collection of wine bottle labels. She
found special stickers to remove the labels from the bottles
while protecting them. She will be able to keep a souvenir of all
the good wines she loves and organize them in a nice binder.
Toast to discovering wonderful wines!

和訳

Lydieは始めたばかりです
ワインのボトルラベルのコレクションを。

彼女は特別なシールを見つけました
ボトルからラベルをはがすための
そのラベルを保護しながら。
彼女は保存できる
自分が試飲するすべてのおいしいワインの思い出を、
そして、素敵なバインダーでそれを整理することが（できます）。

すばらしいワインの発見を祝って、乾杯！

note

* Toastは英語からの借用語。/tost/と読む。通常、「乾杯！」はÀ ta [votre] santé！（あなたの健康を祝して！） あるいは簡便にSanté !、あるいはTchin-tchin！（グラスを重ねる音から派生）ともいう。

information ➡ p.185

この課で
学ぶこと
① 文法語法：命令・依頼
② 文法語法：感嘆文
③ 日常会話：はじめて～する
④ 文法語法：ce qui / ce que

 聞き取り

CDを聞いて、下記の空欄を埋めてください。

Marianne vient d'avoir un bébé, et (1.
) le parrain. (2.   ) !
Je suis tellement content.
Par contre, (3.   ) je suis
parrain, donc je ne sais pas exactement (4.
).
A priori, il s'agit surtout de donner des cadeaux pour les anniversaires et à Noël, donc ça n'a pas l'air trop compliqué.
Apparemment, ça veut surtout dire que je suis comme un oncle.
Donc (5.   ) un membre de la famille de Marianne !

mini dico

☐ **parrain** : *celui qui a promis d'aider un bébé et de le protéger, le jour de son baptême ↔ marraine*

☐ **a priori** : *au premier abord, avant toute expérience*

☐ **apparemment** : *à en juger par l'extérieur, selon toute apparence*

STEP 瞬間仏作文

　できるだけテキストを見ないで、CDを聞いて、フランス語で即答する口頭練習をしてください。

❶文法語法：命令・依頼

1. 手伝ってくれますか？
   Mauriceは私に手伝ってくれと言いました。

2. あなたの車を貸してください。
   隣人が私に自転車を貸してくれと頼みました。

3. たばこを吸わないで！
   彼女はたばこを吸わないように私に言いました。

❷文法語法：感嘆文

1. なんて暑いんだ！

2. なんて湿気だ！

3. なんという光栄！

4. ゴキブリ、ぞっとする（わあ、嫌だ）！

5. なんて美しい景色だ！

聞き取りの解答

1. elle m'a demandé d'être
2. Quel honneur
3. c'est la première fois que
4. ce qu'il faut faire
5. c'est comme si je devenais

❶ Grammaire・Usage : *discours indirect (ordre・demande)*

＊命令（依頼）の間接話法変形

1. **demander à qqn de + *inf.***
   - ☐ Tu peux m'aider ? *1
   - ☐ Maurice m'a demandé de l'aider.

2. **demander à qqn de + *inf.***
   - ☐ Prêtez-moi votre voiture.
   - ☐ Mon voisin m'a demandé de lui prêter mon vélo.

3. **dire à qqn de + *inf.***
   - ☐ Ne fumez pas !
   - ☐ Elle m'a dit de ne pas fumer. *2

❷ Grammaire・Usage : *phrase exclamative*

＊形容詞の有無にかかわらず名詞を強調するパターン。

1. ☐ Quelle chaleur !

2. ☐ Quelle humidité !

3. ☐ Quel honneur ! *3

4. ☐ Un cafard, quelle horreur !

5. ☐ Quel beau paysage !

> 形容詞・副詞を強めるなら
> *comme, que*（日常会話では *ce que*
> あるいは *Qu'est-ce que*）を用いる。
>
> 例　*Comme [Que, Ce que, Qu'est-ce que]*
> *tu danses bien !*
> 君はなんてダンスが上手いんだ！

---

vocabulaire
grammaire

*1　この依頼の文は、Aide-moi, s'il te plaît. の命令文にも相当する。

*2　動詞 ordonner「命じる」とか、あるいは「禁止する」défendre を用いて Elle m'a défendu de fumer. としても類義。

*3　くだけた表現で、En quel honneur ? で「どういう理由で、何のために（←どのような光栄のために）」を意味する疑問文にもなる。

❸日常会話：はじめて〜する

1. 夫はノルマンディーを旅しています。
   妻がブルゴーニュを旅するのははじめてです。

2. Anneは京都を訪れました。
   私がロンドンを訪れたのははじめてです。

❹文法語法：ce qui / ce que

1. （ハプニングを察して）どうしたのですか（何があったのですか）？
   彼女は何が起こったのかと尋ねました。

2. （体調をおもんぱかって）どうしたのですか？
   母は私にどうしたのと尋ねました。

3. ここで何をしているのですか？
   警官が少女にそこで何をしているかと尋ねました。

❸ Conversation quotidienne : *c'est la première fois que + ind.*

1. ☐ Mon mari fait un voyage en Normandie.
   ☐ C'est la première fois que ma femme fait un voyage en Bourgogne.

   > この文は
   > J'ai visité Londres pour la première fois.
   > と書くこともできる

2. ☐ Anne a visité Kyoto.
   ☐ C'est la première fois que j'ai visité Londres.

❹ Grammaire・Usage : *ce qui / ce que*

* 間接疑問文では、疑問代名詞 qu'est-ce qui は ce qui に、 qu'est-ce que は ce que になる。

1. ☐ Qu'est-ce qui se passe ? *1
   ☐ Elle a demandé ce qui se passait. *2

   > Vous avez quelque chose ? も同義。

2. ☐ Qu'est-ce que vous avez ?
   ☐ Ma mère m'a demandé ce que j'avais.

3. ☐ Qu'est-ce que tu fais ici ?
   ☐ Un agent de police a demandé à la fille ce qu'elle faisait là. *3

---

*1 Qu'est-ce qu'il se passe ? / Que se passe-t-il ? も同義。

vocabulaire *2 時制照応、現在形が半過去になる点にも注意。

grammaire *3 間接疑問文で、時を表す副詞が変わることがあるのと同じように（例 demain「明日」→ le lendemain「（その）翌日」）、この例では場所を表す副詞が ici → là と変化している点に注意。

JUMP 音読

CDを聞きながら音読してください。慣れてきたら、シャドーイング（流れてくる音声をすぐに追いかけて音読する練習）もやってみましょう。

Marianne vient d'avoir un bébé, *1
et elle m'a demandé d'être le parrain.
Quel honneur !
Je suis tellement content.
Par contre,
c'est la première fois que je suis parrain,
donc je ne sais pas exactement ce qu'il faut faire.
A priori, *2
il s'agit surtout de donner des cadeaux
pour les anniversaires et à Noël,
donc ça n'a pas l'air trop compliqué.
Apparemment,
ça veut dire que je suis comme un oncle.
Donc c'est comme si je devenais *3
un membre de la famille de Marianne !

英訳

Marianne just had a baby and she asked me to be the godfather, what an honor! I am so happy. However, it is my first time being a godfather, so I don't exactly know what to do. At first glance, it is mostly about giving presents for birthdays and Christmas, so it doesn't seem too complicated. Apparently, it mostly means that I'll be like an uncle. So it's as if I am becoming a member of Marianne's family!

和訳

Marianne は赤ちゃんを産んだばかり、

そこで、私に代父（名づけ親）になってくれと頼んできた。

なんと名誉なことか！

とても満足している。

一方で、

代父となるのはこれがはじめて、

だから、何をしなくてはいけないのか正確にはわからない。

まず思うには、

特に、プレゼントをあげるのが重要だ

誕生日やクリスマスに、

だから、そんなに複雑には思えない。

見たところ、

（代父とは）おじのような存在であるという意味だ。

つまり、自分はなったようなものだ

Marianne 家の一員に！

---

note

*1　attendre un bébé なら「妊娠している」の意味。なお、この文は un bébé が主語なら Un bébé vient de naître.「赤ちゃんが生まれたばかりだ」と表現する。

*2　a posteriori「結果からみると」は反意語。

*3　comme si S + V [半過去] で「まるで〜のような」の意味。

information ➡ p.186

Leçon 16

Aujourd'hui je parle à mon patron.

この課で 学ぶこと	① 文法語法：受動態 ② 日常会話：〜前 ③ 文法語法：大過去

HOP 聞き取り

CDを聞いて、下記の空欄を埋めてください。

(1.   ), aujourd'hui je parle à mon patron.

(2.   ) à Annecy il y a déjà trois ans.

Mon patron (3.   ) à Pau après deux ans, mais je suis toujours là ...

Annecy *1 est une belle ville, mais (4.

) sont à Pau,*2 (5.

) !

mini dico

*1 Annecy : アヌシーは、フランスの東、アヌシー湖湖岸に位置するオーヴェルニュ=ローヌ=アルプ地域圏の都市。

*2 Pau : ポー は、フランス南西、ピレネー山脈の渓流ポー川沿いに位置する。

STEP 瞬間仏作文

　できるだけテキストを見ないで、CDを聞いて、フランス語で即答する口頭練習をしてください。

❶文法語法：受動態

1. 庭を覆う
   枯葉によって
   うちの庭が枯葉で覆われていました。

2. 絵を盗む
   絵が盗まれた。
   美術館から2枚の絵が盗まれました。

❷日常会話：〜前

1. 彼はパリにやってきました。
   彼女は1ヵ月前にパリにやってきました。

2. ロンドンが好きですか？
   私は10年前の京都が好きです。

3. 祖父は長い間フランス語を勉強しています。
   祖母は英語を勉強して5年になります。

聞き取りの解答

1. C'est décidé
2. J'ai été transféré ici
3. m'avait dit que je pourrais retourner
4. toute ma famille et tous mes amis
5. donc je veux rentrer

❶ Grammaire・Usage : *passif*

1. ☐ couvrir le jardin
   ☐ par des feuilles mortes
   ☐ Mon jardin était couvert de feuilles mortes.

2. ☐ voler un tableau
   ☐ Un tableau a été volé.
   ☐ Deux tableaux ont été volés au musée.

❷ Conversation quotidienne : *il y a*

＊話をしている時点（現在）を基準に「〜前」の意味。

1. ☐ Il est arrivé à Paris.
   ☐ Elle est arrivée à Paris il y a un mois. ＊1

2. ☐ Vous aimez Londres ?
   ☐ J'aime le Kyoto d'il y a dix ans.

3. ☐ Mon grand-père apprend le français depuis longtemps.
   ☐ Il y a cinq ans que ma grand-mère apprend l'anglais. ＊2

---

vocabulaire
grammaire

＊1　間接話法ではavantに変わり、たとえば「彼女は1ヵ月前にパリにきたと言った」なら、Elle a dit qu'elle était arrivée à Paris un mois avant. となる。

＊2　言うなれば、Ma grand-mère apprend l'anglais depuis cinq ans. という文の「時間の経過」を強調した文。「〜してから（期間）になる」という言い方、"Ça fait ... que S+V [*ind.*]"も同義。

❸文法語法：大過去

1. 彼（彼女）の仕事を終える
   おとといの朝
   あなたはおとといの晩には仕事を終えていたのですか？

2. 30歳で
   Gabrielは去年離婚した。
   45歳で、Louiseはすでに3回離婚していました。

3. 海を見る
   その時まで
   私の娘はその時まで一度も海を見たことがありませんでした。

4. 彼の息子に時計を贈る
   彼は時計をなくしました。
   息子は私が贈った時計をなくしました。

5. ローマに行くと決める
   その計画をあきらめる
   彼女はローマに行くと決めていたのですが、それをあきらめました。

❸ Grammaire・Usage : *plus-que-parfait*

＊過去のある時点を基準に、その時点で出来事が完了していること、経験していることを示す。英語の過去完了に相当。

間接話法の文中で「過去における過去」を表すこともある。
例　Victor m'a dit que sa femme était sortie.
Victorは私に妻は出かけたと言った (cf. p.159)。
＊直接話法なら Victor m'a dit :
« Ma femme est sortie. » となる。

1. ☐ finir son travail
   ☐ avant-hier matin *
   ☐ Vous aviez fini votre travail avant-hier soir ?

2. ☐ à trente ans
   ☐ Gabriel a divorcé l'année dernière.
   ☐ À quarante-cinq ans, Louise avait déjà divorcé trois fois.

3. ☐ voir la mer
   ☐ jusqu'alors
   ☐ Ma fille n'avait jamais vu la mer jusqu'alors.

4. ☐ offrir une montre à son fils
   ☐ Il a perdu la montre.
   ☐ Mon fils a perdu la montre que je lui avais offerte.

5. ☐ décider d'aller à Rome
   ☐ renoncer à ce projet
   ☐ Elle avait décidé d'aller à Rome, mais elle y a renoncé.

vocabulaire grammaire

＊「朝」の時間：「おとといの朝」　avant-hier matin
→「昨日の朝」　hier matin
→「今朝」　ce matin
→「明日の朝」　demain matin
→「明後日の朝」　après-demain matin

137

JUMP 音読

CDを聞きながら音読してください。慣れてきたら、シャドーイング（流れてくる音声をすぐに追いかけて音読する練習）もやってみましょう。

C'est décidé,
aujourd'hui je parle à mon patron. *1

J'ai été transféré ici à Annecy
il y a déjà trois ans.

Mon patron m'avait dit
que je pourrais retourner à Pau après deux ans, *2
mais je suis toujours là ... *3

Annecy est une belle ville,
mais toute ma famille et tous mes amis sont à Pau,
donc je veux rentrer !

 英訳

It's decided, today I'm talking to my boss. I was transferred here to Annecy three years ago. My boss told me that I could go back to Pau after two years, but I'm still here... Annecy is a beautiful city, but all my family and all my friends are in Pau, so I want to go home!

和訳

決めた、
今日、社長に話そう。

私はここアヌシーに移ってきた
すでに３年前に。

社長は言っていた
２年後にはポーに戻れると、
でも、私は相変わらずここにいる……。

アヌシーはきれいな町だ、
でも、家族全員が友人たちも皆、ポーにいる、
だから家に帰りたい！

note

*1　patronは「経営者」「オーナー」「雇い主」などといった意味にもなる。

*2　retournerは「（元いた場所に）戻る、帰る、復帰する」の意味。類義語「（本拠地や自宅に）戻る」rentrerに置き換えられるが、最後の一文にrentrerを用いているので同語反復は避けたいところ。

*3　être làは「あそこ（ここ）にいる」とか「在宅している」といった訳がつけられる。

information ➡ p.187

C'est bientôt la fin de l'année.

この課で
学ぶこと

① 文法語法：単純未来
② 熟語表現：〜する前に
③ 日常会話：二重目的語をとる

HOP 聞き取り

CDを聞いて、下記の空欄を埋めてください。

(1.   ), et Stéphanie
devrait se concentrer sur ses examens partiels.
(2.   ), elle devra redoubler
et attendre une année (3.   )
d'anglais.
Etpourtant,(4.   ),
et elle passe beaucoup d'entretiens d'embauche.
C'est très bien de chercher du travail, mais si elle
n'obtient pas sa licence, (5.   )
) !

mini dico

☐ **un examen partiel** : *un examen que vous passez à la fin d'un
semestre. Ainsi, dans une année scolaire, il y a deux séries de
"partiels" : une en janvier et une en mai / juin.*

☐ **redoubler** : *recommencer une année dans la même classe*

☐ **embauche** : *fait d'engager quelqu'un pour un travail*

STEP 瞬間仏作文

できるだけテキストを見ないで、CDを聞いて、フランス語で即答する口頭練習をしてください。

❶文法語法：単純未来

1. 今朝は雨が降っています。
   もし明日雨なら
   家にいます
   もし明日雨なら、私たちは家にいます。

2. タクシーを見つける
   会社に遅れる
   もしタクシーが見つからないと
   もしタクシーが見つからないと、あなたは会社に遅れますよ。

3. ストライキをする
   来週から
   彼らは来月からストをします。

❶ Grammaire・Usage : *futur simple*

＊Si S+V（直説法現在）, S+V（直説法単純未来）

1. ☐ Il pleut ce matin.
   ☐ s'il pleut demain
   ☐ rester à la maison
   ☐ S'il pleut demain, nous resterons à la maison.

> 「現在の事実」や「過去の事実」に反する仮定を表現する条件法（cf. Leçon19）を用いた文に変えるとたとえば以下のようになる。
>
> ▶ S'il faisait beau aujourd'hui, nous sortirions. : 直説法半過去・条件法現在
>   もし今日天気が良ければ、外出するのに。
>
> ▶ S'il n'avait pas plu hier, nous serions sorti(e)s. : 直説法大過去・条件法過去
>   もし昨日雨でなかったら、外出していたのに。

2. ☐ trouver un taxi
   ☐ être en retard au bureau
   ☐ si vous ne trouvez pas de taxi
   ☐ Si vous ne trouvez pas de taxi, vous serez en retard au bureau.

3. ☐ faire grève ＊
   ☐ à partir de la semaine prochaine
   ☐ Ils feront grève à partir du mois prochain.

vocabulaire
grammaire

＊ 定冠詞を添えて faire la grève ともいう。être en grève なら「ストライキ中である、ストをしている」の意味。

❷熟語表現：～する前に

1. 話をする前に
   よく考えなくてはなりません。
   話をする前に、よく考えないといけません。

2. 彼は私にさよならを言いに来ました。
   出発する前に
   彼女は出発前に私たちにさよならを言いに来ました。

❸日常会話：二重目的語をとる

1. 辞書をあげる
   和仏辞典を Cécile にあげる
   父は Pierre に仏和辞典をあげました。

2. 小包を送る
   その小包を航空便で送る
   私は親にその小包を航空便で送りました。

❷ Expression idiomatique : *avant de + inf.*

1. ☐ avant de parler
   ☐ Il faut réfléchir.
   ☐ Avant de parler, il faut réfléchir.

2. ☐ Il est venu me dire au revoir.
   ☐ avant de partir
   ☐ Elle est venue nous dire au revoir avant de partir.

❸ Expression idiomatique : *verbe + qqch à qqn*

1. ☐ donner le dictionnaire
   ☐ donner le dictionnaire japonais-français à Cécile
   ☐ Mon père a donné le dictionnaire français-japonais à Pierre.

2. ☐ envoyer un colis *
   ☐ envoyer ce colis par avion
   ☐ J'ai envoyé ce colis par avion à mes parents.

---

* expédier 「送る、発送する」という動詞もある。

JUMP 音読

CDを聞きながら音読してください。慣れてきたら、シャドーイング（流れてくる音声をすぐに追いかけて音読する練習）もやってみましょう。

C'est bientôt la fin de l'année,
et Stéphanie devrait se concentrer
sur ses examens partiels.

Si elle ne les réussit pas, *
elle devra redoubler
et attendre une année avant d'avoir sa licence d'anglais.

Et pourtant,
elle envoie son CV à de nombreuses entreprises,
et elle passe beaucoup d'entretiens d'embauche.
C'est très bien de chercher du travail,
mais si elle n'obtient pas sa licence,
elle ne pourra pas travailler !

（英訳）

It's almost the end of the year, and Stephanie should focus on her semester exams. If she does not pass them, she will have to repeat a school year and wait a year before getting her bachelor's degree in English. And yet, she sends her resumé to many companies, and she does a lot of job interviews. It's very good to look for work, but if she does not get her degree, she will not be able to work!

和訳

まもなく年の瀬、
そこで、Stéphanie は集中しなくてはならない
学期末試験に。

もし、その試験に合格しないと、
彼女は留年しなくてはならず
英語の学士号を取るのを 1 年待たなくてはならなくなる。

とはいえ、
彼女は多数の企業に履歴書を送り、
たくさんの企業の就職面接を受けている。
仕事を探すのはとてもよいこと、
しかし、学士号を取得しないと、
働くことはできない！

note

＊ 通常、「（試験に）合格する」には réussir を使う。ただ、現在では英語の影響下、「（試験を）受ける」を意味する passer を「合格する」の意味に用いることがないではない。楽屋話だが、ネイティヴ・チェックの際にこの点が話題になり、フランス人でも人によって意見が分かれた。

information ➡ *p.188*

Leçon 18

Le gouvernement a décidé de changer la limitation de vitesse.

この課で
学ぶこと

① 文法語法：時を表す副詞
② 文法語法：S = de + *inf.*
③ 文法語法：比較の言い回し（相関句）

HOP 聞き取り

CDを聞いて、下記の空欄を埋めてください。

Récemment, (1.　　　　　　　　　　　　　　　)
la limitation de vitesse sur les routes de France.
(2.　　　　　　　　　　　　).
En effet, (3.　　　　　　　　　　　　　　），
plus elle pollue. En limitant la vitesse, chaque voiture
(4.　　　　　　　　　).
C'est un petit changement, mais (5.

　　　　　　　　　　　　　) nocifs sont les bienvenus.
Le gouvernement encourage aussi les achats de
véhicules électriques et hybrides.
Chaque geste compte.

---

mini dico

☐ **nocif, nocive** : *qui est dangereux pour la santé, qui peut nuire à l'organisme*
☐ **bienvenu(e)** : *personne, chose accueillie avec plaisir*
☐ **véhicule** : *moyen de transport par terre, par eau ou par air*
☐ **geste** : *bonne action*

149

できるだけテキストを見ないで、CDを聞いて、フランス語で即答する口頭練習をしてください。

❶文法語法：時を表す副詞

1. つい最近 (近い過去)
   彼はつい最近まで京都にいました。

2. 最近 (現在も含めたこの頃)
   最近、順調ではありません。

3. 近頃 (今日では)
   今では、ほとんどすべての人がパソコンを持っています。

❷文法語法：S = de + *inf.*

1. ニースに別荘を持つこと
   彼 (彼女) の夢はニースに別荘を持つことです。

2. 何もしないでいる
   一番いいのは何もしないでいることです。

聞き取りの解答

1. le gouvernement a décidé de changer
2. Le but est de limiter la pollution
3. plus une voiture roule vite
4. polluera un peu moins
5. tous les efforts pour limiter les émissions de gaz

❶ Grammaire・Usage : *adverbe de temps*

1. ☐ tout récemment [1]

   過去の特定時に起こったこと

   ☐ Il était à Kyoto jusqu'à tout récemment.

2. ☐ ces derniers temps [2]

   現在まで続いている状態

   ☐ Ça ne marche pas bien ces derniers temps.

3. ☐ de nos jours [3]

   ☐ De nos jours, presque tout le monde a un ordinateur.

❷ Grammaire・Usage : *S + être de + inf. (S = de + inf.)*

1. ☐ avoir une villa à Nice

   この文は Avoir une villa à Nice, c'est son rêve. とも書ける。

   ☐ Son rêve est d'avoir une villa à Nice.

2. ☐ rester sans rien faire

   ☐ Le mieux est de rester sans rien faire. [4]

---

vocabulaire grammaire

[1] tout dernièrement, il y a peu de temps も同義になる。

[2] ces temps-ci も同義になる。なお、ces dernières années なら「ここ何年にもわたる最近」のこと。

[3] actuellement, aujourd'hui と同じ意味合い。

[4] le mieux で「最善」の意味。

3. ３ヵ国語を流暢に話す
   私の目標は３ヵ国語を流暢に話すことです。

❸文法語法：比較の言い回し（相関句）

1. 時がたつのは早い。
   父は自分のあやまちを悔いています。
   時がたてばたつほど、私はますます自分の決心を悔いています。
   時がたてばたつほど、だんだん彼女は自分の決心を後悔しな
   くなっています。

2. 暑い。
   仕事がしたいです。
   暑くなればなるほど、人は仕事をしたくなくなります。

3. ますます悪くなる
   雨がどんどん強くなっています。
   この小説はだんだん面白くなくなっていきます。
   私はだんだんフランス語がわかるようになっています。

3. ☐ parler couramment trois langues
   ☐ Mon but est de parler couramment trois langues.

❸ Grammaire・Usage : *comparatif (Phrase de corrélation)*

1. ☐ Le temps passe vite.
   ☐ Mon père regrette ses fautes.
   ☐ Plus le temps passe, plus je regrette ma décision.
   ☐ Plus le temps passe, moins elle regrette sa décision.

2. ☐ Il fait chaud.
   ☐ On a envie de travailler.
   ☐ Plus il fait chaud, moins on a envie de travailler.

3. ☐ de plus en plus mal *
   ☐ Il pleut de plus en plus fort.
   ☐ Ce roman est de moins en moins intéressant.
   ☐ Je comprends de mieux en mieux le français.

* de plus en plus ... で「ますます、どんどん、しだいに」という意味。この例なら、de mal en pis という言い方もする。

CDを聞きながら音読してください。慣れてきたら、シャドーイング（流れて くる音声をすぐに追いかけて音読する練習）もやってみましょう。

Récemment, le gouvernement a décidé de changer
la limitation de vitesse sur les routes de France.
Le but est de limiter la pollution.
En effet, plus une voiture roule vite, plus elle pollue. *1
En limitant la vitesse,
chaque voiture polluera un peu moins.

C'est un petit changement,
mais tous les efforts
pour limiter les émissions de gaz nocifs
sont les bienvenus. *2
Le gouvernement encourage aussi les achats de
véhicules électriques et hybrides.
Chaque geste compte.

英訳

Recently, the French government decided to change the speed limit. The goal is to limit pollution. Indeed, the faster a car drives, the more it pollutes. By limiting the speed, each car will pollute a little less. It's a small change, but every effort to limit harmful gas emissions is welcome. The government also supports purchases of electric and hybrid vehicles. Every gesture counts.

和訳

最近、政府は変更することを決めた

フランスの道路上での制限速度を。

目的は汚染を制限することにある。

実際、車は速く走れば走るほど、大気を汚染していくものだ。

速度を制限することによって、

車一台一台が、汚染を少しでも減らすことになる。

それは小さな変化だ、

しかし、あらゆる努力は

有害なガスの排出を制限しようとする

歓迎すべきことだ。

政府は自動車の購入も奨励している

電気やハイブリッドの。

ひとつひとつの行いが重要なのだ。

---

note

*1　en effetは「実際〜だから」を意味する等位接続詞句。

*2　等位接続詞 mais / 副詞 cependant, pourtant / 従位接続詞 bien queという関係。

　　　彼は80歳だが、今でも毎朝走っている。

　　　Il a 80 ans, mais il court toujours tous les matins.

　　　Il a 80 ans. Cependant, il court toujours tous les matins.

　　　Bien qu'il ait 80 ans, il court tous les matins.

（注意）mais を用いると譲歩より逆接的な意味合いが強くなりすぎるきらいがある。

information ⇒ p.189

Leçon 19

Je ne sais pas quoi faire.

	① 文法語法：時制照応
この課で 学ぶこと	② 文法語法：条件法
	③ 文法語法：接続法現在

🏃 HOP 聞き取り

CDを聞いて、下記の空欄を埋めてください。

Fred, (1.　　　　　　　　　　　).

Hier, j'ai demandé à Pauline de m'épouser, mais elle

ne m'a toujours pas répondu, (2.

　　　　　　　　　) pour réfléchir ...

Si elle m'aimait vraiment, (3.

　　　　　　　　), tu ne crois pas ?

Combien de temps est-ce qu'(4.

　　　　), tu penses ?

---

mini dico **demande en mariage** ─────────────────

Tu veux m'épouser ?　僕と結婚してくれないか？
　＊ Tu veux te marier avec moi ? も類義だが、これだと「（この先）結婚する気はあるか？」という意
　味合いにもなる。

Tu voudrais devenir ma femme ?　僕の奥さんになってくれる？

Je t'aime, marions-nous !　愛しているよ、結婚しよう！
　＊なお、古典的な Je ne peux pas vivre sans toi.「君なしでは生きていけない」は今も健在。

できるだけテキストを見ないで、CDを聞いて、フランス語で即答する口頭練習をしてください。

❶文法語法：時制照応

1. 私は彼女が病気だと思います。
   私は彼が重病だと思いました。

2. 私は彼が失敗したと知っています。
   私は彼女がすべての試験に失敗したと知っていました。

❷文法語法：条件法

1. 世界一周する
   もし私がお金持ちなら、世界一周をするのに。
   もし私が君の年齢なら、世界一周をするでしょうに。

2. 晴天が続きました。
   もし晴天が続いていたら、私はもう少しパリにいたのでしょうが。

3. 彼（彼女）の提案を受け入れる
   もし私があなたの立場なら、この提案を受け入れないでしょうが。
   もし私があなたの立場だったら、あの家は買わなかったでしょう。

聞き取りの解答

1. je ne sais pas quoi faire
2. elle a dit qu'elle avait besoin de temps
3. elle aurait dit oui tout de suite
4. il faut que j'attende

❶ Grammaire・Usage : *correspondance des temps*

1. ☐ Je crois qu'elle est malade.
   ☐ Je croyais qu'il était gravement malade. *1

2. ☐ Je sais qu'il a échoué.
   ☐ Je savais qu'elle avait échoué à tous ses examens. *2

❷ Grammaire・Usage : *conditionnel*

1. ☐ faire le tour du monde
   ☐ Si j'étais riche, je ferais le tour du monde.
   ☐ Si j'avais ton âge, je ferais le tour du monde.

2. ☐ Le beau temps a continué.
   ☐ Si le beau temps avait continué, je serais resté(e) un peu plus à Paris.

3. ☐ accepter sa proposition
   ☐ Si j'étais à votre place, je n'accepterais pas cette proposition.
   ☐ Si j'avais été à votre place, je n'aurais pas acheté cette maison. *3

---

vocabulaire
grammaire

*1 主節が過去で、従属節が半過去になる例。

*2 従属節が大過去になる例。

*3 前提が過去の時点「もしも私があなたの立場だったら」なら大過去を用いて Si j'avais été à votre place, je n'aurais pas acheté cette maison. となる。

❸文法語法：接続法現在

1. 彼は真実を知っています。
   彼は真実を知っていると思います。
   彼女が真実を知っているとは思えません（知らないと思います）。

2. 私は駅に両親を迎えに行きます。
   私は空港に祖父母を迎えに行かなくてはなりません。

3. 早くお返事をください。
   早くお返事をいただきたいです。
   「Oui（承諾）」の返事をいただけますよう期待いたします。

❸ Grammaire・Usage : *subjonctif présent*

1. ☐ Il sait la vérité.
   ☐ Je crois qu'il sait la vérité.
   ☐ Je ne crois pas qu'elle sache la vérité. *1

> ただし、従属節の内容が
> 確実な事実として提示されるケースでは直説法を用いることもある。
> 例　*Je ne crois pas qu'elle viendra toute seule.*
> 彼女が一人で来るとは思いません。

2. ☐ Je vais chercher mes parents à la gare.
   ☐ Il faut que j'aille chercher mes grands-parents à l'aéroport. *2

3. ☐ Répondez-moi vite, s'il vous plaît.
   ☐ Je souhaite que vous me répondiez vite.
   ☐ J'espère que vous me répondrez « oui ». *3

> *J'espère que vous me repondrez par l'affirmative.*
> といった言い方もできる。

---

*1　「意見」を述べる croire が否定や疑問のケースは通例は接続法。ちなみに、例文は「疑い」を表す douter に置き換えて、Je doute qu'elle sache la vérité. とすることもできる。

*2　"il faut que + *sub*. [接続法]"「必要性」は、接続法を用いる表現のなかで最も頻度の高い言い回しのひとつ。Je dois aller chercher mes grands-parents à l'aéroport. と言い換えられる。

*3　souhaiter「願う」、espérer「期待する」は類義語だが、従属節内で、前者は接続法を後者は直説法を使う。

vocabulaire
grammaire

 **JUMP 音読**

　CDを聞きながら音読してください。慣れてきたら、シャドーイング（流れて
くる音声をすぐに追いかけて音読する練習）もやってみましょう。

Fred, je ne sais pas quoi faire.

Hier, j'ai demandé à Pauline de m'épouser,
mais elle ne m'a toujours pas répondu,*
elle a dit qu'elle avait besoin de temps pour réfléchir ...

Si elle m'aimait vraiment,
elle aurait dit oui tout de suite,
tu ne crois pas ?

Combien de temps est-ce qu'il faut que j'attende,
tu penses ?

 英訳

Fred, I don't know what to do.
Yesterday, I asked Pauline to marry me, but she still hasn't
answered me, she said she needed time to think ... If she really
loved me, she would have said yes right away, don't you think?
How long do you think I should wait?

和訳

Fred、ぼくはどうしたらいいのかわからない。

昨日、Pauline に結婚を申し込んだんだ、
でも、彼女から一向に返事がない、
考える時間が必要だって言っていた……。

もし、本当にぼくのことを愛しているなら、
彼女はすぐに「はい」って言ったろう、
そう思わないか？

ぼくはどれぐらい待たなくてはいけないのか、
どう思う？

note

* ne ... toujours pas「相変わらず（いまだに）〜ない、一向に〜ない」の意味。ne ...
pas toujours なら部分否定で「いつも〜というわけではない」の意味になる。

information ➡ *p.190*

Je suis une personne de la campagne.

この課で学ぶこと	① 文法語法：条件法現在
	② 文法語法：不定法
	③ 文法語法：関係代名詞

HOP 聞き取り

CDを聞いて、下記の空欄を埋めてください。

Je suis une personne de la campagne, (1.

).

(2.   ) !

Il n'y a pas de trafic, il n'y a pas d'ambulances, de voitures de police ou de camions de pompiers.

Il n'y a pas de gens soûls (3.   ).

Il y a des supermarchés et même des hypermarchés (4.

). Et tout le monde a une grande maison, où l'on peut accueillir de la famille et des amis (5.   ) !

mini dico

- ☐ **ambulance** : *véhicules faits pour transporter blessés ou malades*
- ☐ **pompier** : *personne chargée de lutter contre le feu et de porter secours*
- ☐ **soûl(e), saoul(e)** /su(sul)/ : *ivre*

できるだけテキストを見ないで、CDを聞いて、フランス語で即答する口頭練習をしてください。

❶文法語法：条件法現在

1. 彼らは明日の朝来ます。
   彼女はとてもうれしく思いました。
   もし君が明日来てくれたら、私の両親はとてもうれしく思うでしょう。

2. 今朝は天気がよくありません。
   もし天気がよくないなら、でかけないことにしましょう。

❷文法語法：不定法

1. それはとても快適です。
   君といっしょに暮らすことは私にとってとても楽しいことです。

2. 一人で生きる
   一人で生きることは難しいです。

聞き取りの解答

1. je ne pourrais pas habiter en ville
2. Vivre à la campagne, c'est profiter du calme
3. qui crient dans la rue au milieu de la nuit
4. où l'on peut acheter absolument tout ce dont on a besoin
5. pour de bons repas fait maison

❶ Grammaire・Usage : *conditionnel*

＊仮想的なこと（現在の事実に反する仮定: Leçon 19参照）を語る
だけでなく、未来における「可能性」や「予測される事態」も表す。

1. ☐ Ils viennent demain matin.
   ☐ Elle était très contente.
   ☐ Si tu venais demain, mes parents seraient très contents.

2. ☐ Il fait mauvais ce matin.
   ☐ S'il faisait mauvais, on ne sortirait pas. ＊

❷ Grammaire・Usage : *infinitif*

＊不定法の名詞的機能

1. 主語

   ☐ C'est très agréable.
   ☐ Vivre avec toi est très agréable pour moi.

2. 意味上の主語

   ☐ vivre seul(e)
   ☐ Il est difficile de vivre seul(e).

---

vocabulaire
grammaire

＊ 天気予報などを前提に、「もし明日天気がよくないなら」と実現の可能性が高い仮定を表現する
ケースなら S'il fait mauvais demain, on ne sortira pas. と現在と単純未来を使う方が自然。
cf. p.142

3. 百聞は一見にしかず。
   望むことは能(あた)うことだ（精神一到なにごとかならざらん）。

4. 一人で旅をする
   一人で旅をするのが好きですか？

5. 平和に暮らす
   平和に暮らすことほど大事なものは他にありません。

❸文法語法：関係代名詞

あそこに家があります。

あそこに家がありますが、(それは) 海に面しています。

あそこに家がありますが、両親が昨年買ったものです。

あそこに家がありますが、その屋根が昨晩壊れました。

あそこに家がありますが、そこで私の姉 (妹) が20年前に生まれました。

3. 属詞

☐ Voir, c'est croire.
☐ Vouloir, c'est pouvoir.

4. 目的語

☐ voyager tout(e) seul(e)
☐ Tu aimes voyager tout(e) seul(e) ?

5. 比較の補語

☐ vivre en paix
☐ Rien n'est plus précieux que de vivre en paix. *1

❸ Grammaire・Usage : *pronoms relatifs*

☐ Voilà une maison.

> 「海に面している家」は複数ある。
> しかし、「両親が買った家」は特定化される。
> この差が、une maison と la maison の
> 違いになる。

☐ Voilà une maison qui donne sur la mer. *2

☐ Voilà la maison que mes parents ont achetée l'année dernière.

☐ Voilà la maison dont le toit a été endommagé hier soir. *3

☐ Voilà la maison où ma sœur est née il y a vingt ans.

> さらにはこんな関係詞の展開も可能だ。
> Voilà la maison dans laquelle il y a beaucoup de meubles anciens.
> あそこに家がありますが、その中にはたくさん
> アンティーク家具があります。

---

vocabulaire grammaire

*1 比較の que のあとに不定法が続く際には de をとるのが通例。最上級で書けば、Vivre en paix est le plus précieux. となる。

*2 「あれは海に面している家だ」とも訳せるが、関係代名詞はできれば前からうしろへ言葉をつなぐ感覚で用いたい。

*3 endommager は「(一部が) 被害を与える、傷める」という意味の動詞。

JUMP 音読

CDを聞きながら音読してください。慣れてきたら、シャドーイング（流れて
くる音声をすぐに追いかけて音読する練習）もやってみましょう。

Je suis une personne de la campagne, *
je ne pourrais pas habiter en ville.

Vivre à la campagne, c'est profiter du calme !
Il n'y a pas de trafic,

il n'y a pas d'ambulances,
de voitures de police ou de camions de pompiers.
Il n'y a pas de gens soûls
qui crient dans la rue au milieu de la nuit.

Il y a des supermarchés et même des hypermarchés
où l'on peut acheter absolument tout ce dont on a besoin.
Et tout le monde a une grande maison,
où l'on peut accueillir de la famille et des amis
pour de bons repas fait maison !

英訳

I'm a country person, I could never live in the city. Living in the
countryside is so quiet! There is no traffic, there are no ambulances,
police cars or fire trucks. There are no drunk people screaming in
the street in the middle of the night. There are supermarkets and
even hypermarkets where you can buy absolutely everything you
need. And everyone has a big house, where you can welcome your
family and friends for good homemade meals!

170

和訳

私は田舎の人間（田舎好き）で、
町に住むなんて、できそうにない。

田舎で暮らすということは、静けさをうまく利用するということ！
（田舎は）交通量はなく（車の往来はなく）、
救急車もなく、
パトカーも、消防車もない。
酔っ払いはいない
夜中に通りで叫ぶ（ような）。

スーパーマーケットもハイパー（大規模）マーケットさえもあり
（そこで）必要とするすべてのものをかならず買うことができる。
そして、みんなが大きな家を持っていて、
（そこで）家族や友人を迎えることができる
自家製のおいしい食事のために！

note

＊ une personne de ... のパターン「田舎の人間」と直訳したが、英語の I'm a cat
person.「猫人間→猫好き」と同じように使われている例。

information ➡ *p.191*

information

Leçon 1

● 愛する強さの順

J'adore

J'aime beaucoup

J'aime

J'aime bien ◀······ この形は否定文では用いない。

J'aime assez

J'aime un peu

Je n'aime pas beaucoup

Je n'aime pas

Je n'aime pas du tout

Je déteste

(注意1) 人を愛するの意味ではJ'aimeが強い意味合いを表す。つまり、Je t'aime. は「恋人」に、Je t'aime beaucoup. やJe t'aime bien. は「友人」に用いる。なお、J'adoreにbeaucoupやbienを添えることはできない。

(注意2) J'aimeとJ'aime bienを物品に用いた際の強さの度合いは、何を対象とするかで判断は微妙に変わる。

● 花占い　effeuiller la marguerite

Il m'aime「彼は私を好き（……と考えてから）」、次の語を順にプラス。

un peu　　　　　少し　　◀······ むしり始め

beaucoup　　　　とても

passionnément　情熱的に

à la folie　　　　気も狂わんばかりに

pas du tout　　　全然

＊ 時折「愛する」「恋する」を日本語の直訳でfaire l'amourとする人がいるが、これは「sexする」(英語 make love) の意味。

Leçon 2

●「通り」「道」

□ **rue** nf :「(両側に家並みのある) 通り、〜街」

 ＊ちなみに、dans la rue の表現は「両側を家並みに囲まれている」感覚から生まれた。イギリスの in the street の感覚に近い (そもそも家並みのなかった米語では on the street という)。なお、「〜通りに住んでいる」の意味では前置詞や冠詞などはつけない。

 例 Mes grands-parents habitent 17 rue de Rivoli.
  祖父母はリヴォリ通り17に住んでいる。

□ **route** nf :「(家並みを外れて、町と町を結ぶ) 道、ルート」

 例 La vitesse est limitée à 80 km à l'heure sur les routes nationales.
  国道では制限速度が80キロだ。

 ＊「高速道路」は autoroute nf という。

□ **boulevard** nm :「(並木のある) 大通り」で、本来、昔の城壁のあった跡に造られた環状道路をいう。

□ **avenue** nf :「都市周辺部を走る環状の大通り」で、大きな広場や記念建造物に向かう「(並木のある都市中心部を走る直線の) 大通り」を指す。

 例 L'avenue des Champs-Elysées est très connue.
  シャンゼリゼ大道りはとてもよく知られている。

 ＊公園や庭の「並木道」は allée nf という。

□ **chemin** nm :「(ある地点へと向かう) 道」

 例 Tous les chemins mènent à Rome.
  (ことわざ) すべての道はローマに通ず。

□ **voie** nf :「(行政用語) 道路」

● 形容詞の名詞化

　本文中の quotidien は「日常の事柄、日常生活」の意味になる名詞。「毎日の」「日常の」を意味する形容詞 quotidien が男性名詞として扱われ、"定冠詞 le + [形容詞]"で「〜なこと、〜なもの」を意味している。形容詞がそのまま「名詞」としても使われた単語だ。ほかに、こんな例がある。

☐ **essentiel**：「もっとも重要な、肝心な」
　l'essentiel「一番大事なこと」

> 例 L'essentiel est invisible pour les yeux.
> 大切なものは目に見えないんだ。
>
> *『星の王子さま』《 Le Petit Prince 》の知られた一言。

☐ **important**：「重要な」
　l'important「重要なこと」

> 例 L'important, c'est la motivation.
> 大事なことは、モチヴェーションだ。*cf. p.87*

☐ **visible**：「目に見える」
　le visible「目に見えるもの（世界）」

> 例 Qu'est-ce qu'il y a entre le visible et l'invisible ?
> 目に見えるものと見えないものの間に何があるのか？
>
> *哲学者 Maurice Merleau-Ponty には《 Le Visible et l'Invisible 》という知られた著作がある。

Leçon 4

● 遅刻の言い訳

フランス人はなかなか素直に謝らない。「遅刻して」も、

J'ai reçu un coup de téléphone quand j'allais sortir et j'ai man-
qué le bus.
出がけに電話がかかって、バスに乗り遅れたんだ

といった定番の言い訳をする。自分に非はないというわけだ。
あるいは、「えっ？」と問い返したくなる、不思議な弁明が返ってくることも
ある。

Excusez-moi, j'ai pas vu l'heure !
ごめん、時間（時計）を見てなかった！ ＊ne が省かれた形。

そもそも、フランス人はプライヴェートな約束なら、定刻から5分〜15分
ぐらい遅れても許容範囲と考えている人が大半だ。それに、自宅でのパーティ
ーに誘われたら、"かならず"約束の時間に遅れていくのがマナーでもある。
さすがに大事な仕事なら、フランス人も時間をきちんと守ると言われる。た
だし、私事ながら、こんな体験をしたことがある。

某テレヴィ局でのこと。1名のフランス人は定刻に現れ、残りのフラン
ス人2名が約束の時間より15分ほど遅れて着いた。スタッフ全員揃った会
議室での初顔合わせだったが、遅れた男女2名が「これ、フランス式」à la
française と笑いながら入室してきた。この一言に、定刻に着いていたフ
ランス人女性が間髪をいれずに応戦、「よく言うわ！ ここは日本よ！」Tu
parles ! Ici c'est le Japon ! 。この日の打ち合わせは「気まずい沈黙」
silence gêné からのスタートとあいなった。

● 頻度の表現（補足）

【しょっちゅう・しばしば】

souvent と fréquemment は類義だが、前者が「偶発的にくり返される動作」をいうのに対して、後者は何度も「自発的に、頻繁に」の意味合い。

> 例 Jean voyage fréquemment à l'étranger.
> Jean は頻繁に海外旅行へ出かける。

なお、tout le temps は「いつも、しょっちゅう」の意味だが、これは「継続的」で「絶え間のない」（= continuellement）事象を伝える。

> 例 Jeanne rit tout le temps.
> Jeanne はしょっちゅう笑っている（笑ってばかりいる）。

【ときどき】

基本例では de temps en temps を取り上げたが、類義語に parfois や quelquefois という語がある。de temps en temps は時間的感覚がほぼ均等な、規則性を帯びた「ときどき」をイメージして使う。図示すればほぼ等間隔で規則性を感じる頻度。

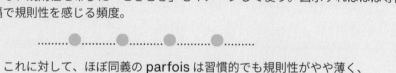

これに対して、ほぼ同義の parfois は習慣的でも規則性がやや薄く、

> 例 Michel aide parfois son père à bricoler.
> Michel はときおり彼の父親が日曜大工をするのを手伝う。
>
> ＊ des fois を parfois の意味で使う人もいるが、本来、この言い回しは正しくない。

quelquefois は「ときには」で、parfois よりも回数が少ない感覚で用いられる。

> 例 Michelle ne voyage guère, mais elle va quelquefois chez son grand-père.
> Michelle はほとんど旅行しないが、ときに祖父の家に行くことがある。

Leçon 6

● 季節

フランスの1年は、以下のような quatre saisons 「四季」に分けられる。また、大まかな季節の期間（日付）の目安は以下の通り。

春 **le printemps**　3月21日〜6月20日

＊「晩春」から「夏」にかけての時期を la belle saison と呼ぶ。

夏　**l'été**　6月21日〜9月22日

＊ la canicule 「（夏の）土用」7月22日〜8月21(22)日のことだが、caniculeは現在では「猛暑」の意味で使われることが多い。

例 En France, la grosse canicule, c'était en 2003.
フランスで、ひどい猛暑が2003年にあった。

秋 **l'automne**　9月23日〜12月21日

＊「晩秋」から「冬」を la mauvaise saison と呼ぶ。

冬 **l'hiver**　12月22日〜3月20日

ご存じのように「春に」au printemps を除いて、「夏に」「秋に」「冬に」は前置詞 en を用いる（例 en automne 「秋に」）。「年」が特定化されれば "à l'+[季節]" を使うケースもあるが、やや古めかしく、現用では下記の形が通例。

例 Les Jeux olympiques ont eu lieu à Tokyo en automne 1964.
1964年秋に、オリンピックが東京で開催された。

また、形容詞は春から順に printanier, printanière / estival(e) / automnal(e) / hivernal(e) という。

例 C'est un froid hivernal.
まるで冬の寒さだ。

Leçon 7

● 祝祭日

　日本の la fête du travail は「勤労感謝の日」にあたるが、フランスのそれとは違う。

Au Japon, la fête du travail du 23 novembre a été instituée en 1948 comme fête nationale : on montre son respect et sa reconnaissance vis-à-vis du travail. Cependant, la Fête du Travail française est différente de la version japonaise qui a une notion de gratitude envers les travailleurs. La journée française était à l'origine une grève générale pour demander certains avantages, elle symbolise donc maintenant surtout la lutte des travailleurs pour défendre leurs droits.

　なお、フランスの祝祭日で日付の決まっているものは以下の８つ。

- le 1er janvier「元日」 **Jour de l'an**
- le 1er mai「メーデー」 **Fête du Travail**
- le 8 mai「戦勝記念日」 **Victoire du 8 mai 1945**
  ＊第２次世界大戦の終結記念日。ナチス・ドイツが降伏文書に署名した日。
- le 14 juillet「革命記念日」 **Fête Nationale**
  ＊バスチーユ監獄襲撃事件と翌年の建国記念日が起源。
- le 15 août「聖母被昇天祭」 **Assomption**
- le 1er novembre「諸聖人の日」 **Toussaint**
  ＊翌日、11月２日は「死者の日」（墓参りの習慣がある）。
- le 11 novembre「休戦記念日」 **Armistice 1918**
  ＊戦没した兵士への式典がフランス全土で開催される。
- le 25 décembre「キリスト降誕祭（クリスマス）」 **Noël**

　それと、移動祝日になるキリスト教関連の３つがある。

- avril「復活祭（翌日の月曜日）」 **Lundi de Pâques**
- mai ou juin「昇天祭」 **Ascension**
  ＊復活祭から５週間後の木曜日。
- mai ou juin「聖霊降臨祭（翌日の月曜日）」 **Lundi de Pentecôte**
  ＊復活祭から50日目。

　なお、フランスには祭日が日曜なら月曜を休みにする「振替休日」という制度はない。

Leçon 8

● 英語からフランス語

この課の本文中の cool は英語からフランス語になった単語。

言うまでもなく、フランス語起源の英語は数多あるが、逆はそう多くはない。パソコンがらみの用語や「ジーンズ」jeans、「ベビーシッター」baby-sitter などいくつかの単語がフランス語としての市民権を得ている。

> 例 Les étudiants font souvent du baby-sitting.
> 学生たちはよくベビーシッターをしている（子守り）をしている。
> ＊新しい綴りでは babysitting とも書く。

ただし、この傾向は加速度を帯びて、今、確実にフランス語の世界に広がりつつある。

> 例 Elle a complètement changé de look.
> 彼女はすっかり見た目が変わった（変身した）。
> ＊ look nm は「（人の）格好、見た目」の意味。

> 例 On a un bon feeling !
> 俺たちウマが合うんだ！
> ＊英語の feeling「フィーリング」は今ではフランス語。また例文のように、「気が合う」という意味でも使われる。

> 例 Please!
> お願いだから！
> ＊もちろん、S'il vous plaît ! / S'il te plaît ! が通例。なお、蛇足だが s'il vous plaît = please =「どうぞ」と誤解している人がいる。たとえば、空港で Votre passeport, s'il vous plaît.「パスポートをどうぞ（見せてください）」に、Mon passeport, s'il vous plaît. と応じた観光客がいた。本人は「どうぞ、私のパスポートです」のつもりなのだろうが、これではちぐはぐな会話だ。人に金品を手渡す際に「どうぞ」s'il vous plaît（please）は使えない。Voilà. あるいは Voilà mon passeport.（英語 Here's my passport. に相当）でないとおかしい。

Leçon 9

● 天気を表現する基本表現

- □ いい天気だ：**Il fait beau.**

- □ 日が照っています。：**Il fait un beau soleil.**
  - ＊Le soleil brille. とか Il y a du soleil. なども類義。

- □ 今日はとても暑い！：**Il fait très chaud, aujourd'hui !**
  - ＊「蒸し暑い」なら Il fait chaud et humide. という。「乾燥している」なら Il fait sec. という。

- □ ひどい暑さ（猛暑）だ！：**C'est une vraie canicule !**

- □ 今朝は涼しい。：**Il fait frais, ce matin.**
  - ＊「今夜は寒い」なら Il fait froid, ce soir. という。

- □ 曇っています。：**Le ciel est nuageux.**
  - ＊フランス語では「曇っている」が意外に表現しづらい。Le ciel est couvert. ともいう。ちなみに「曇りのち晴れ」は Temps couvert suivi de soleil. で、Pas un seul nuage. なら「雲ひとつない」の意味。

- □ 天気が悪い。：**Il fait mauvais temps.**

- □ 雨が降るという予報だ。：**On a annoncé de la pluie.**
  - ＊「雨が降りそうだ」なら Il risque de pleuvoir. という。また「土砂降り」なら Il pleut des cordes. / Il pleut à verse. といった言い方をする。

- □ 雪が降っている。：**Il neige.**
  - ＊tomber de la neige という言い方もする。たとえば、「昨晩から50センチの積雪があった」Il est tombé 50 cm de neige depuis hier soir. といった具合。

- □ 風が吹いている。：**Il y a du vent.**
  - ＊venter「風が吹く」という動詞を使って、Il vente. とも言える。

Leçon 10

● 情意を反映した疑問文

　不定法の動詞的な機能を活用した " 疑問詞 + *inf.*" は情意的な表現（話者の心中を反映した言い回し）で、本文の最後の Que faire？は「どうしたらいいのか？」という話者の「困惑」「迷い」を表している。

　別例、慌てた感じで、Où aller？「どこに行ったらいいんだ？」とか、

　Comment savoir la vérité？「どうしたら真相が知れるか？」とか、

　Pourquoi dire non？「どうして non って言うの？」など

　多様な言い回しを作ることができる。

　なお、話者の迷いを表すこの文の形は、以下のように間接疑問文でも使うことができる。

> 例　Je ne sais pas quoi faire.
> 　　どうしたらいいのかわからない。
>
> 　　＊例示は少しくだけた言い方。Je ne sais que faire. といった言い方もする。
>
> 　　Je me demande comment lui parler.
> 　　彼（彼女）にどう話したらいいのだろう。

● 条件法のそもそもの形・意味

本文中の条件法 j'aimerais は、断定を避けた「語気緩和」の意味合い。
以下の例も同様。

> 例 Vous voulez me passer le sel ?
> 塩を取ってもらえますか？
>
> Voudriez-vous me passer le sel ?
> 塩を取っていただけましょうか？
>
> ＊前者の直説法に対して、後者は si c'était possible「できれば」という
> 表現が隠れている丁寧な依頼になる。なお、単純未来も「語気緩和」にな
> ることがある（例 Auriez-vous la bonté de m'aider ?「お手伝い願
> えますか？」：未来は不確かなものなので）。

「現在や過去の事実に反する仮定」を表現する際に帰結節でも使用される。

> 例 Si j'étais riche, j'achèterais cette voiture de sport.
> もし金持ちなら、あのスポーツカーを買うのに。
> （実際には「そんなにお金がないので買えない」）

ただし、条件法現在は、単純未来の語幹に以下の語尾を添えるもの。

-rais, -rais, -rait, -rions, -riez, -raient

つまり、語尾は直説法半過去と同じ。このことは条件法が歴史的には「過
去における未来」を表していたことを物語っている。言い換えれば、条件法
は直説法に通じる「時」を示すのがそもそもということになる。以下のよう
に過去を表す文中で、未来を表す（時制照応）というのがその大きな役割だ。

> 例 Mon père m'a dit qu'il reviendrait dans une semaine.
> 父は1週間したら戻ると私に言った。
>
> ＊これを直接話法で書くと、以下のようになる。
>
> Mon père m'a dit : « Je reviendrai dans une semaine. »

Leçon 12

● 省略 ellipse（主語・動詞を省く）

本課の例文では、以下のような省略がおこなわれている。

（Vous êtes）Fatigué(e) du travail ?

（Vous avez）Envie d'un break ?

また、日常頻出表現でもこんな省略がおこなわれる。

（Vous n'avez）Pas de chance!

（C'est）Trop tard.

省略は文中の1つあるいは複数の要素を省くものだが、意味ははっきりしている。省略をおこなうことで、無駄なくり返しが避けられ、表現を簡素化、明確化できるメリットがある。そのために、ことわざや広告文、あるいは電報などの文言でこの省略が頻繁におこなわれる。

> 例 Expérience passe science.（ことわざ）
> 経験は学問に勝る（亀の甲より年の功）。

＊これは通常なら冠詞を添えて、**L'expérience passe la science.** となるが、ことわざは風雪に耐え、人々の口の端を次々と伝えられていくもので、時代を経た石の角が取れるように、省略によって簡潔化されやすい。

> 例 J'ai reçu un télégramme de l'asile : « Mère décédée. Enterrement demain. Sentiments distingués. »（電報）
> 老人ホームから電報がきた。「御母堂逝去。埋葬明日。敬具」
> Albert Camus の『異邦人』から。

＊電報が簡潔で意味が通るのは、日本も同じ。

Leçon 13

● 複合過去 vs 半過去

下記の日本語をフランスにするとどうなるか？
❶ 昨晩、土砂降りの雨だった。
❷ あの月曜日は、一晩中雪だった。

　たしかに「雨が降る」も「雪が降る」も継続的な状態、その意味で違いはなさ
そうに思える。ただし、①は「今も、雨が降っているのか否かは不明」だが、②
は期間・終了時がはっきりしていて、発話の時点では月曜に降った雪は「やん
でいる」という差異がある。後者、すなわちすでに完了している行為・状態に
半過去（未完了で"中途半端"な過去）は使えず、複合過去を用いることになる。

　結果、次のようになる。
❶ Hier soir, il pleuvait à verse.
❷ Ce lundi-là, il a neigé toute la nuit.

「～だった」＝「～していた」＝「直説法半過去」と短絡的にとらえると間違え
る。
　ただし「今もなお降っている」と継続の状態を明言するなら、直説法現在を
用いる。

　例　Il neige sans arrêt depuis hier.
　　　昨日からずっと雪です。
　　　＊これは英語の現在完了（継続）に相当するが、フランス語では現在形を
　　　　用いる。英語の現在完了の（完了・経験）はフランス語では複合過去に
　　　　なる。

Leçon 14

● ワインと試飲

30年近く前、Bourgogne の Beaune という小さな町で、ソムリエ入門の真似事をしたことがある。その際に教えられた簡易的な dégustation「試飲」の方法は以下の３段階を経る。

(1) 注がれたワインの色を「目視」la vue する。グラスを軽く傾けて、白いテーブルクロスの上などにかざして、ワインの色を見る。

(2) 軽くグラスを回して、グラスの内側を流れるグラース（油分）を確認、その後、グラスに鼻を近づけて「香り」l'odorat を確認。

(3) その後、ゆっくり口に含み、含んだワインを少しずつ喉に流し込むようにして「味」le goût をみる。

● ワインと形容詞

vin「ワイン」に関しては実に多様な「形容詞」が用いられる。その一部を見ておきたい。なお、ブドウの果実からの「芳香」は arôme [nm]、ワインの醸造・熟成に関する「香り」は bouquet [nm] という。

日本語に訳すのは難しい語もあるが「好印象」を語るなら、「まろやかな」rond(e)、「柔らかな」tendre、「しなやかな」souple といった形容詞が使われる。équilibré(e) は「味のバランスのとれた」という語、「甘味」を感じるなら suave、どっしっと「厚みがある」gras(se)（逆に「軽い」なら léger(ère)）、「コクのある」と表現するなら corsé(e)、généreux(se) といった語が使われる。

一方、「悪印象」を語るなら、ワインが「未熟な」vert(e) がよく使われる。具体的なマイナスに関しては、「渋い」acerbe、「苦い」amer(ère)、あるいは舌を刺す「ピリッとした」piquant(e) といった語の使用頻度が高い。

なお、レストランで bouchonné(e)「栓の味がする」とか、mou(molle)「気の抜けた」とか、aigre「酸っぱくなった」といった状態不良のワインが供されたなら取り替えてもらえる。

● フランス語で使われるラテン語

　本文中にある a priori など、今も、フランス語で使われるラテン語がいくつかある。たとえば、Descartes の言葉「われ思うゆえにわれあり」は、フランス語ならご存じのように、

　　　　Je pense donc je suis.

となるが、ラテン語ならこうなる。

　　　　Cogito ergo sum.

　東京の新宿にその名を冠したビルのある「アドホック」ad hoc（ただし、フランス語発音は /adɔk/）は、仏訳すると pour cela となる語だが、今では「適切な、うってつけの」あるいは「特別の」を意味する形容詞として使われる。
　「履歴書」C.V. もラテン語、curriculum vitae /kyrikylɔmvite/ の略語だ。

　日本語にもなっている「アリバイ」alibi、あるいは etc. と略して書かれる et cætera（et cetra）（語源そのままに訳をつければ「そして、そのほかについて」となる）もフランス語で使われるラテン語 。

　ちなみに「マンション」という日本語はラテン語の「とどまる場所」manere →「住居」mansio から。不動産会社が「アパート」に代わる名称として大々的に世間に広め、そのまま日本語に定着した。

Leçon 16

● 結果を表す受動態

下記の例のように「受動態」le passif は「誰がそれをなしたか」という点にポイントを置く際には有効な表現法だ。

> 例 Cette symphonie a été composée par Mozart.
> この交響曲は Mozart によって作曲された。
>
> ＊能動態なら Mozart a composé cette symphonie. という。

だが、受動態は、日常会話でそれほど使われない[*]。たとえば、多くの教科書に載っている Marie est aimée de tout le monde.「Marie は皆に愛されている」は、大半のフランス人が不自然 non naturel だと言う（能動態を使う方が無理はないし、それで十分）。

しかし、行為や影響を被った側に照準を当てるケース（例 Lila a été congédiée au bout d'un mois.「Lila は月末で首になった」）とか、主語をそのままにして新たな情報を付け加えるようなケース（例 Ava est la meilleure de sa classe et est suivie par Carla.「Ava はクラスのトップで、Carla がそれに続く」）では受動態が使われる。

なお「結果を表す受動態」le passif de résultat の頻度は高い。本課の文頭 C'est décidé. がその例で、「決めた」という「事柄や行為の"結果"」に重きが置かれた「受動態の形」"être + 過去分詞（派生の形容詞）"をとる表現だ。

> 例 C'est fini depuis longtemps.
> ずいぶん前に終わりました。

> Ce produit alimentaire est en train d'être analysé.
> その食料品は現在分析中です。

（*）フランス語では on が受け身のニュアンスを帯び（例 En France, on aime bien manger.「フランスでは食べることが好まれる」）、あわせて代名動詞が受動態の意味になる（例 Cette expression s'employait surtout au siècle dernier.「この表現はとくに前世紀に使われていた」）ので、動作主を明示するいわゆる「受動態」の使用頻度はそれほど高くない。

Leçon 17

● フランスの試験事情

フランスには ne pas utiliser de gomme「消しゴムを使わない」という考えが教育の基本にある。間違いを消せる鉛筆ではなく、消せないペン（万年筆など：今なら消せるペンもあるが……）で答案を書く。しかも、その用紙に罫線は引かれていない。「白紙」にきちっとした文字で、きちんと間違いなく書き進めることが要求される。しかも、試験の基本は「正解」を求めるものではない。

たとえば、「大学入試共通試験」に相当する bac（バカロレア：1808年にナポレオン・ボナパルトが導入したもので、「中等教育レヴェル認証資格」と訳される）では、以下のような正解のない問題（どう手をつけていいのかわからないような論文形式）が出題される。

> 例 Travailler, est-ce seulement être utile ?
> 働くとは、単に役に立つということか？
>
> Le langage n'est-il qu'un outil ?
> 言語（活動）というものは道具でしかないのか？
>
> Pourquoi chercher à se connaître soi-même ?
> どうして自分自身のことを知ろうと努めるのか？

ただし、こうした質問に、自分勝手な無手勝流の文をしたためるのではない。先達の知恵（哲学者のしかるべき言葉の引用など）を盛り込み、自論がきちんと他人に通じるように、書き直しの効かないペンで書いていくのだ。

些細なことでも、Pourquoi ? と問いかけ、議論好きで、ときに延々とまくしたてるフランス人が多いのも、さもありなんというわけだ。

Leçon 18

● 等位接続詞句からの展開

en effet は「事実確認や前文の内容を肯定する事実を導く」等位接続詞句で、「実際、たしかに」あるいは「というのは〜だから」といった訳がつけられる。

文頭でも文中でも文末でも用いられる。

> 例 Les voitures n'ont pas pu passer. En effet, le rocher avait
> bloqué la route. Le rocher avait en effet bloqué la route.
> 自動車が通れなかった。というのも、岩が道をふさいでいたからだ。

この例文は等位接続詞 car を使って、以下のように言い換えられる。

> Les voitures n'ont pas pu passer, car le rocher avait bloqué la route.
> ＊ car は主節のうしろに置かれる。

現在分詞を用いて（分詞構文で）、以下のように言い換えることもできる。

> Le rocher ayant bloqué la route, les voitures n'ont pas pu passer.

さらに、この文は因果関係を論理的に示す従位接続詞（句）comme, étant donné que を用いて書き換えられる。

> Comme le rocher avait bloqué la route, les voitures n'ont pas
> pu passer.

あるいは 聞き手の知らなかった情報を伝える parce que を用いて、

> Les voitures n'ont pas pu passer parce que le rocher avait
> bloqué la route.

といった言い換えも可能だ。

Leçon 19

● 視点を変えてみると：
changer de point de vue　〜Paulineの相談〜

Fred, je ne sais pas quoi faire.

Hier, Gauthier m'a demandé en mariage.

Je ne lui ai pas encore répondu, je lui ai dit que j'avais besoin
de temps pour réfléchir.

Je l'aime, mais je ne sais pas si je suis prête à me marier.

Je veux passer ma vie avec lui, mais le mariage est une
grosse étape, et on est encore si jeunes !

Qu'est-ce que tu me conseilles de faire ?

Fred、私、どうしたらいいのかわからない。

昨日、Gauthierがプロポーズしてきたの。

彼にはまだ返事はしていないの、じっくり考える時間が欲しいって言って
おいたわ。

彼を愛しているけど、私が結婚する準備ができているかがわからない。

彼といっしょに人生を過ごしたいわ、でも、結婚は大きな一歩、私たちまだ
とても若いのよ！

どうしたらいいかアドヴァイスをしてくれない？

（英訳）

Fred, I don't know what to do.

Yesterday, Gauthier asked me to marry him. I didn't answer him yet,
I told him that I needed time to think. I love him, but I don't know
if I'm ready to get married. I want to spend my life with him, but
getting married is a big step, and we are still so young! What do you
recommend I do?

Leçon 20

● 視点を変えてみると：
changer de point de vue

Je suis une personne de la ville, je ne pourrais pas habiter à
la campagne.
Habiter en ville est tellement pratique !
On peut acheter tout ce que l'on veut, il y a toujours un maga-
sin qui vend ce dont on a besoin.
Il y a beaucoup de cinémas, de théâtres, il y a des concerts,
des expositions, c'est idéal quand on aime l'art et les sorties !
Il y a aussi plein de bars et de restaurants, c'est parfait pour
passer un bon moment avec ses amis !

私は都市人（都会好き）、田舎に住むなんて、できそうにない。
都会での生活はとても便利だから！
欲しいものは何でも買えるし、必要なものを売っている店がどこにもある。
映画館や劇場がたくさんあり、コンサートや展示会が行われている。アート
や外出が好きなら、理想的だ！
バーやレストランもいっぱいあるから、友人たちと楽しい時間を過ごすの
に申し分ない！

＊「都会人」citadin [n] という単語もある。

（英訳）

I'm a city person, I could never live in the countryside. Living in the city
is so convenient! We can buy everything we want and there is always a
store that sells what we need. There are many cinemas, theaters, there
are concerts and exhibitions. It's ideal when you love art and going out!
There are also plenty of bars and restaurants, perfect for having a good
time with your friends!

著者

久松 健一 HISAMATSU Ken'ichi（ひさまつ けんいち）
東京都出身。中央大学大学院博士後期課程修了。現在、明治大学で教壇に立つ。
『解いて力がつく久松式ドリル』（IBC パブリッシング）、『ケータイ〈万能〉フラ
ンス語文法実践講義ノート』（駿河台出版社）、『クラウン・フランス語熟語辞典』
（三省堂）などの著書がある。

RICHARD–木口 Julien（リチャード・キグチ・ジュリアン）
フランス・Vieillevigne 出身。ナント大学で法律を学ぶ。2012 年に来日後、英
語とフランス語を専門学校で教える。著書に、The Cheeky Dictionary（TVI）や
Apprendre les proverbes avec Julien & Julien（Éditions À Podcasts）がある。

Triple saut［トリプル・ソー］**話すためのフランス語ドリル**
初級から中級への3ステップ

2020 年 5 月 6 日　第 1 刷発行

著　者　久松 健一
　　　　RICHARD–木口 Julien

発行者　浦　晋亮

発行所　IBCパブリッシング株式会社
　　　　〒162-0804 東京都新宿区中里町 29 番 3 号 菱秀神楽坂ビル 9F
　　　　Tel. 03-3513-4511　Fax. 03-3513-4512
　　　　www.ibcpub.co.jp

印刷所　株式会社シナノパブリッシングプレス
CDプレス　株式会社ケーエヌコーポレーションジャパン

ISBN978-4-7946-0625-9